Wilhelm Seele

Voltaires Roman Zadig

Wilhelm Seele

Voltaires Roman Zadig

ISBN/EAN: 9783743442900

Hergestellt in Europa, USA, Kanada, Australien, Japan

Cover: Foto ©Thomas Meinert / pixelio.de

Wilhelm Seele

Voltaires Roman Zadig

VOLTAIRE'S ROMAN
ZADIG OU LA DESTINÉE.

EINE QUELLENFORSCHUNG.

INAUGURAL-DISSERTATION

DER

HOHEN PHILOSOPHISCHEN FAKULTÄT

DER

UNIVERSITÄT LEIPZIG

ZUR

ERLANGUNG DER DOKTORWÜRDE

VORGELEGT VON

WILHELM SEELE

AUS BODENBACH i/B.

LEIPZIG-REUDNITZ
DRUCK VON OSWALD SCHMIDT
1891.

Vorwort.

Die vorliegende Abhandlung ist der erste Theil einer grösseren Arbeit, welche ich sobald als möglich zu veröffentlichen gedenke.

Angeregt durch Herrn Professor Heinrich Koerting, begann ich im vorigen Jahre eine Untersuchung der Voltaire'schen Romane auf ihre Quellen hin. Es ergab sich, dass Voltaire die Stoffe zu denselben meist anderen Schriftstellern entlehnt hat, und namentlich für den hier behandelten Roman „Zadig" finden sich nur wenige Capitel, die Voltaire selbst angehören. Leider war ich durch Familienverhältnisse gezwungen, während des Sommersemesters zwei Monate von Leipzig abwesend zu sein. Daher konnte ich meine Absicht, sämmtliche Romane Voltaire's in einer Dissertation zu behandeln, nicht ausführen, sondern musste mich auf Zadig beschränken.

Meiner Arbeit habe ich die Ausgabe der Werke Voltaire's von Louis Moland zu Grunde gelegt, welche ich persönlich besitze. Diejenigen einschlägigen Werke, welche auf den Bibliotheken zu Dresden und Leipzig nicht vorhanden sind, hat mein Freund Paul Sahlender die Güte gehabt, auf dem Britischen Museum einzusehen.

Ich spreche die Hoffnung aus, dass durch die vorliegende Arbeit die Voltaire-Forschung um ein Weniges gefördert sein möge.

Es sei mir vergönnt, an dieser Stelle Herrn Professor Heinrich Koerting, der so früh seinen Schülern entrissen wurde, für seine freundliche Anleitung meinen besten Dank auszusprechen.

Ebenso danke ich auch Herrn Professor Wülker für seine freundliche Unterstützung.

Der Verfasser.

Einleitung.

Der Roman Zadig bietet für eine Quellenforschung entschieden das meiste Interesse, weil sein Inhalt nur zum allergeringsten Theil Voltaire selbst angehört; und weil vor allen Dingen die entlehnten Capitel dem Werke Werth und Reiz verleihen. Man kann dem Urtheile, welches Gaston Paris[1]) fällt, nur beipflichten, wenn er sagt, dass die von Voltaire selbst erfundenen Capitel inhaltlich unbedeutend sind, obgleich auch hier sein hervorragender Geist nicht zu verkennen ist. In der That muss man zugeben, dass Voltaire seine Quellen trefflich zu behandeln versteht, denn obwohl er den Inhalt derselben meist nicht sehr verändert, giebt er ihnen doch ein ganz anderes Gepräge, er schleift die rauhen Ecken ab, entfernt das Unschöne und ersetzt es durch Besseres. Die grösste Vervollkommnung erfahren jedoch die Quellen durch den unübertrefflichen Styl Voltaire's, der seinen Nachahmungen, wie Gaston Paris an eben der Stelle sagt, noch heute den scheinbaren Glanz der Neuheit verleiht und der den Roman zu der angenehmsten Lektüre macht.

Unberechtigt ist das Urtheil Frérons, der Voltaire beschuldigt, er habe sich in sklavischer Weise an seine Vorbilder gehalten.[2]) Voltaire verleugnete das Werk, wie so manches

---

[1]) Gaston Paris, L'ange et l'ermite, étude sur une légende religieuse. „Les chapitres qui n'ont pas cette origine lointaine, ceux qui sont partis de la seule invention de l'auteur se font remarquer par l'insignifiance de leur fond: on y trouve toujours de l'esprit, souvent même une observation morale plus fine et plus libre que dans les autres etc." L'Académie des Inscriptions et Belles-Lettres. Année 1880. quatrième série t. VIII p. 427. Compte rendu de la séance du 12 novembre.

[2]) Fréron, Année littéraire 1767. t. I. p. 150.
L'idée qui fait le mérite de ce chapitre, (Le chien et le cheval

andere, doch blieb sein Incognito nicht lange gewahrt, und schon am 10. October 1748 schrieb er an D'Argental: „Je serais très faché de passer pour l'auteur de Zadig, qu'on veut décrier par les interprétations les plus odieuses et qu'on ose accuser de contenir des dogmes téméraires contre notre sainte religion. Voyez quelle apparence!"[1])

Man glaubte anfänglich, das Werk sei aus dem Englischen übersetzt, obwohl man sich gestehen musste, dass der Charakter des Romans kein englischer sei. So schreibt der Abbé Raynal:[2]) „Le roman intitulé Zadig, qui faisait d'abord peu de bruit, en fait maintenant beaucoup. Il est certain que cet ouvrage est traduit de l'anglais, et personne ne doute que M de Voltaire en soit le traducteur. Il est certain malgré cela, que cet ouvrage n'est pas dans le goût anglais ni dans le genre de Voltaire."

Der Mercure de France betont zwar nicht gerade die englische Herkunft des Romans, aber er spricht doch von Nachahmungen und stellt schliesslich die Frage auf, ob der Roman auch wirklich aus nur einem Kopfe entsprungen sei. Er schreibt:[3])

Il se trouve dans ce livre (Zadig) plusieurs principes, qui ne seront pas approuvés généralement, mais on y découvre beaucoup de génie et d'invention, et l'auteur a le secret de paraître originel, même lorsqu'il n'est qu' imitateur. Son styl est naturel, peut-être quelquefois négligé, mais toujours vif et agréable. Son héros est un philosophe charmant, qui joint aux lumières que fournit l'étude, toutes les grâces qu'on puise dans le commerce du grand monde. On attribue cet ouvrage à un de nos plus fameux poètes et nous sommes du moins certains qu'il ne peut-être que

---

chap. III) et d'après laquelle on n'aura pas manqué d'admirer encore la prodigieuse fécondité de l'auteur de Zadig, est servilement empruntée d'un de ces ouvrages qu'on ne lit plus etc.

[1]) Moland XXXVI pag. 534.
[2]) Grimm und Didérot, Corresp., ed. Tourneux t. I. p. 231. Paris, Garnier, 1878.
[3]) Mercure de France Nov. 1748. p. 139.

d'un homme extrêmement supérieur et d'un très bel esprit. Peu ne s'en faut même que nous ne soyons tentés de soupçonner qu'une seule tête n'a pas créé tout ce qu'on aperçoit de neuf dans une fiction si ingénieuse.

Man muss sich wundern, dass die zahlreichen unverkennbaren Anklänge an Tausend und eine Nacht und Tausend und einen Tag, sowie überhaupt an orientalische Stoffe nicht sofort bemerkt wurden und man möchte sich beinahe zu der Meinung hinneigen, dass die Werke eines Galland und eines Petit de la Croix doch nicht mehr so genau bekannt waren. Nicht einmal Fréron, der sich keine Gelegenheit entschlüpfen liess, Voltaire als Plagiator hinzustellen, ist auf diese ergiebige Fundgrube gestossen. Auch Gullivers travels, die durch die Uebersetzung von Desfontaines, 1727, bekannt waren, gewähren mancherlei Quellen.

Erst La Harpe[1]) und später Dunlop[2]) gingen etwas näher auf die Quellen ein.

Den Ursprung der Capitel: „Le chien et le cheval"

---

[1]) La Harpe, Lycée ou cours de littérature, édition 1825. t. XVI. pag. 299. (NB. Ich habe nur die Ausgabe von 1817 benutzen können; dort findet sich die Stelle t. XIII. p. 361 für die obenangeführte.)

cfr. Moland. t. XXI. p. III. note 1.

Ce n'est pas que dans Zadig il n'ait emprunté d'ouvrages connus, le fond de plusieurs chapitres : de l'Arioste par exemple celui de l'homme aux armes vertes, des Mille et un Jours celui de l'ermite etc.

[2]) John Dunlop's Geschichte der Prosadichtungen, deutsch von F. Liebrecht, Berlin 1851. pag. 401.

Auch den Ursprung fast jeden Capitels im Zadig kann man leicht nachweisen, so stammt die Geschichte Le Nez (chap. 2) aus der Geschichte der Matrone von Ephesus; im Ariost (c. 17. v. 17) findet man Les combats oder die Geschichte des Mannes in grüner Rüstung, und in einer der Contes dévots. die gegen Ende des Romans befindliche Erzählung l'Ermite (chap. 20) Le chien et le cheval (chap. 3) ist die Aufsuchung des Cynogefore in den Soirées Bretonnes des Gueulette, der es einem italienischen Werke Peregrinaggio de Tre Figliuole del Re de Serendippo entlieh. Ursprünglich jedoch findet sich diese Geschichte in einem arabischen Werke des dreizehnten Jahrhunderts, betitelt Nighiaristan, welches geschrieben wurde, um den Scharfsinn des arabischen Volkes zu zeigen.

und „L'Ermite" hatte bereits Fréron[1]) nachzuweisen versucht, um so befremdlicher klingt daher das Urtheil eines vortrefflichen Voltaire-Kenners aus neuerer Zeit.

Desnoiresterres nämlich sagt: Le fond de Zadig est emprunté à l'Anglais Thomas Parnell, qui l'a emprunté aux homélies d'Albert de Padoue, mort en 1713, lequel en a trouvé le germe dans nos fabliaux.[2])

Dieser Ausspruch Desnoiresterres' ist, insofern er den ganzen Roman von Parnell entlehnt wissen will, unrichtig und gilt nur für das Capitel „L'Ermite." Wie schon bemerkt, hatte Fréron für das Capitel „Le chien et le cheval" auf eine andere Quelle hingewiesen und auch sonst fanden sich hie und da Andeutungen über Quellen, wenn sie auch nicht immer richtig sind. Die Mittheilung Desnoiresterres' aber beruht auf einer ungenau zitirten Stelle bei Littré in seinem Werk: „Études sur les barbares et le moyen âge, „erste Auflage, Paris 1867, vierte Paris 1883, pag. 392.

Es wird bei dem betreffenden Capitel, soweit es der Rahmen dieser Abhandlung gestattet, über diesen Irrthum gesprochen werden.

Zadig erschien, wenn auch noch nicht in seiner vollkommenen Form, 1747 unter dem Titel: Memnon. Der Roman, welcher jetzt diesen Namen führt, Memnon ou la sagesse humaine, steht zu dem unsrigen in keinerlei Beziehung.

Longchamp,[3]) der Sekretär Voltaire's, berichtet, Voltaire habe den Roman bei zwei verschiedenen Druckern zugleich drucken lassen und zwar so, dass der eine die erste Hälfte und der andere den Schluss druckte; es ist dies aber ein Märchen, denn es existirt nach Beuchot[4]) und Bengesco[5])

---

[1]) Fréron, Année littéraire 1767 t. 1 pag. 30. 145.

[2]) Desnoiresterres, Voltaire et la société française au XVIIIe siècle. t. III. p. 146. note 1 (Voltaire à la cour).

[3]) Longchamp, Mémoires sur Voltaire, 1826. 2 vol. in 8⁰ t. II. p. 154.

[4]) Beuchot, Vorrede zu Voltaires Romanen, Moland, t. XXI. pag. IX.

[5]) Bengesco, Voltaire. Bibliographie de ses Œuvres. Paris 1882. t. I. p. 437.

kein Exemplar, welches Longchamp bestätigte. Ueber die Entstehungsgeschichte des Romans cfr. Lonchamp an der angeführten Stelle.

Zadig erfuhr anfangs, namentlich als man den Verfasser noch nicht kannte, eine ziemlich herbe Kritik.

So schreibt Raynal:[1] „Zadig, ou la destinée, histoire orientale, est un roman nouveau qui mérite quelque attention. Il n'y a point d'intérêt; ce sont des contes de quelques pages, détachés les uns des autres, et qui sont extrèmement froids. Point d'instruction; ces contes roulent sur des matières frivoles ou sur quelques objets de morale superficiellement traités. Point de sentiment. Je ne me souviens pas d'avoir guère lu rien d'aussi sec; peu d'esprit; les pensées y sont rares et même fort communes. Il règne en revanche, dans ce petit ouvrage une correction de style, un naturel d'expression, un respect pour les mœurs et pour le culte reçu, qu'on n'avait vu depuis longtemps dans aucun livre de ce genre.

Les gens du monde, les femmes principalement, en font peu de cas; les vrais connaisseurs et les gens de métier en pensent beaucoup plus avantageusement. On ne sait à qui attribuer ce roman, parce qu'il ne ressemble, pour la manière, à aucun de ceux qui ont paru jusqu'ici."

Das ist freilich eine harte Kritik und stimmt nicht mit der der späteren Beurtheiler überein. Wie ganz anders urtheilt doch Gaston Paris in der vorhin angeführten Abhandlung, wenn er Zadig als le plus aimable des romans de Voltaire bezeichnet.

Auch änderte sich die Beurtheilung sehr rasch. Eine philosophische Betrachtung des Romans habe ich nicht zu geben versucht, da ja, wie Mahrenholtz sagt, Hettner[2] dies schon in unübertrefflicher Weise für Voltaires philosophische Anschauung im allgemeinen gethan und Mahrenholtz[3]

---

[1] Correspondence littéraire, philosophique et critique par Grimm, Didérot, Raynal, Meister etc. p. M. Tourneux, Paris 1878. t. I. p. 216.

[2] H. Hettner, Geschichte der französischen Litteratur im 18. Jahrhundert, pag. 178 und pag. 238—248.

[3] Mahrenholtz, Voltaire-Studien, Oppeln 1882, p. 133. 137.

Hettner's Bemerkungen noch einige Ausführungen beigefügt hat. Auch von einer Analyse des Romans habe ich absehen müssen, da es beinahe unmöglich ist, den Inhalt auch nur einigermassen gedrängt wiederzugeben; es gilt hier das Nämliche, was Hettner[1]) von Gulliver's Reisen sagt: Es ist schwer, ja unmöglich, ein treffendes Bild dieses Buches zu geben. „Es ist . . . nicht eine in sich zusammenhängende Erzählung, sondern eine Reihe bunt aneinander geknüpfter Schilderungen, in denen das dämmernde Zwielicht thatsächlicher Wirklichkeit und märchenhafter Wunderwelt reizvoll in einander schillert."

Ich habe vorgezogen, jedes Capitel einzeln, soweit als thunlich zu analysiren, und habe dabei auch diejenigen Capitel der besseren Uebersicht wegen ganz kurz behandelt, bei denen die Einwirkung fremder Stoffe nicht nachzuweisen ist.

Le borgne (chap. I.)

Dem Roman ist eine parodirte Druckerlaubniss vorausgeschickt, woran sich eine scherzhafte Dedikation des Werkes an die Marquise von Pompadour anschliesst, welch letztere unter dem Namen der Sultanin Sheraa[2]) bezeichnet wird. In dieser Zueignung ahmt Voltaire den blühenden Styl der Orientalen nach und giebt vor, den Roman aus dem Arabischen übersetzt zu haben, was Grisebach zu der Annahme veranlasste, Voltaire habe seine Leser über die Herkunft des Romans irre führen wollen. (Siehe weiter unten.)

Das erste Capitel, „Le borgne," giebt zunächst eine Schilderung Zadigs, des Gerechten, der alle menschlichen Tugenden in sich vereinigt. Dieses Capitel ist, im Grunde genommen, aus der nämlichen Quelle geschöpft, wie das

---

[1]) Hettner, Geschichte der englischen Litteratur im 18. Jahrhundert pag. 338.
[2]) Moland, t. XXI. p. 31. note 3.

das folgende, zu welchem es gewissermassen ein Seitenstück ist. In der gleich zu erwähnenden Erzählung ist Tshuang-söng, der Weise, schon verheirathet gewesen und hat seine Frau wegen Untreue verstossen. Zadig ist zwar noch nicht verheirathet, aber es widerfährt ihm das gleiche Missgeschick wie Tshuang-söng. Auf einem Spaziergange am Euphrat (Babylon ist der Schauplatz der Erzählung) wird Zadig mit seiner Geliebten von einem Nebenbuhler überfallen. Durch seinen Muth und seine Tapferkeit gelingt es ihm, die Angreifer in die Flucht zu schlagen und so seiner Geliebten Ehre und Leben zu retten. Sie schwört ihm unwandelbare Liebe und Treue. Zadig ist schwer verwundet worden, und ein Geschwür am linken Auge lässt den Verlust desselben befürchten. Der gelehrte Arzt Hermes ist machtlos; das rechte Auge hätte er zu retten vermocht, das linke muss verloren gehen, und Hermes sagt Tag und Stunde voraus, an welchem dieses traurige Ereigniss eintreffen muss. Zwei Tage darauf barst das Geschwür von selbst, und Zadig wurde vollständig geheilt. Hermes schrieb ein Buch, worin er bewies, dass das Auge hätte verloren gehen müssen, Zadig las es nicht, sondern eilte zu seiner Geliebten. Unterwegs erfuhr er, dass diese Dame, da sie einen unüberwindlichen Abscheu gegen Einäugige hatte, sich am nämlichen Tage mit Orcan, dem Nebenbuhler Zadigs, verheirathet hatte.

Le nez[1]) (chap. II.)

Der Grundgedanke in diesem Capitel ist, wie schon bemerkt, der nämliche wie im vorhergehenden, die Geisselung weiblichen Leichtsinns. Wenn man gewöhnlich zu sagen pflegt,[2]) diese Erzählung sei der „Wittwe von Ephesus" des

---

[1]) Moland, t. XXI. p. 85.
[2]) Dunlop, Geschichte der Prosadichtungen, deutsch von F. Liebrecht,

Petronius[1]) nachgebildet, so hat dies nur insofern eine Berechtigung, als die letztere Erzählung grundlegend für die meisten späteren Weiterbildungen im Occident geworden ist. Voltaire schätzte die Satirae des Petronius sehr hoch, denn er sagt:[2]) „Il y a des vers très-heureux dans cette satire et quelques contes très-bien faits, surtout celui de la Matrone d'Éphèse."

Die Darstellung Voltaire's ist aus einer chinesischen Bearbeitung genommen, Beuchot[3]) sagt hierüber: „Le chapitre est imité d'un conte chinois, que Durand[4]) a réimprimé en 1803, sous le titre „de la Matrone chinoise," à la suite de sa traduction de la Satire de Pétrone, et que Duhalde[5]) avait déjà imprimé dans le tome III de sa Description de la Chine." Bei Moland findet sich noch die folgende Note: „Voyez aussi Contes chinois traduits et publiés par Abel Remusat, Paris 1827. t. III: la Matrone du pays de Soung."

Ausführlich behandelt ist der Stoff von Eduard Grisebach: „Die Wanderung der Novelle von der treulosen Wittwe durch die Weltlitteratur," 2. Auflage, Berlin 1889.

Grisebach schreibt über die Entstehung des Capitels pag. 87: „Zadig erschien 1747, und der Autor will die Erzählung aus einem arabischen Buche haben, das aus dem Chaldäischen übersetzt sei. Indess wird Duhaldes chinesische

---

Berlin, 1851. p. 40a. 401 b. Loiseleur Deslongchamps, Essai sur les fables indiennes, t. I. p. 161 (162). Tausend und eine Nacht, Ed. Habicht, v. d. Hagen und Schall, Breslau 1836. t. XIII. p. 325.

[1]) Petronius, Satirae, cap. 111. 112.

[2]) Le Pyrrhonisme de l'histoire chap. 14. De Pétrone. Moland, t. XXVII. p. 262.

[3]) Moland, t. XXI. pag. 35.

[4]) Tschouang-tse et Tien ou la Matrone Chinoise in dem Buche: Satire de Pétrone, chevalier romain. Nouvelle traduction par le citoyen Durand. Suivie de considérations sur la Matrone d'Éphèse et d'un conte chinois sur le même sujet, Paris 1803.

[5]) Duhalde, Description de la Chine, Paris 1735. ed. P. G. Lemercier t. III. p. 324 f., Loiseleur Deslongchamps zitirt t. III. 408, Dunlop t. III. p. 405.

Version von 1735 Voltaires Quelle für das köstliche Capitel „Le nez" gewesen sein; er zitirt das Werk der Jesuiten öfter in seinen den Mélanges littéraires einverleibten Lettres chinoises (Œuvres, ed. 1784. XLVII. pag. 195 ff., bei Moland t. XXIX. p. 451—499). Die neuen Züge hat dann seine Erfindungskraft geschaffen." Ich glaube nicht, dass Voltaire im Ernst daran dachte, seinen Zadig als eine Uebersetzung aus dem Arabischen gelten zu lassen, wenngleich der Roman zahlreiche Anklänge an arabische Erzählungen zeigt, vielmehr halte ich diese Angabe für eine scherzhafte, wie ja überhaupt die Dedikation, worin sich diese Aeusserungen befinden, nicht so ernst zu nehmen ist.

Was nun unser Capitel anbelangt, so giebt Voltaire seine Quelle ganz genau an. Nicht allein dass er im Siècle de Louis XIV. Duhalde lobend hervorhebt;[1]) er erwähnt vielmehr unsere Erzählung an einer andern Stelle noch ganz anders. Es heisst da:[2]) La Matrone d'Éphèse a été mise en vers par La Fontaine en France, et auparavant en Italie. On la retrouve dans Pétrone, et Pétrone l'avait prise des Grecs; mais où les Grecs l'avaient-il prise? Des contes arabes. Et de qui les conteurs arabes la tenaient-ils? De la Chine. Vous la verrez dans des contes chinois, traduits par le P. Dentrecolles, et recueillis par le P. Duhalde; et ce qui mérite bien vos reflexions, c'est que cette histoire est bien plus morale chez les Chinois que chez nos traducteurs.

Voltaire hat sich ziemlich genau an seine Vorlage angeschlossen, man muss jedoch gestehen, dass seine Darstellung eine durchaus humoristische ist, wie ich dies in der Folge zeigen werde.

Inhalt bei Voltaire:

---

[1]) Siècle de Louis XIV. Catalogue de la plupart des écrivains français etc. Moland t. XIV. p. 68.

Duhalde (Jean Babtiste), jésuite, quoiqu'il ne soit point sorti de Paris, et qu'il n'ait point su le chinois, a donné sur les mémoires de ses confrères la plus ample et la meilleure description de l'empire de la Chine qu'on ait dans le monde. Mort en 1743.

[2]) A. M. du M.*** Sur plusieurs anecdotes. Moland t. XXX. p. 345.

Eines Tages kehrt Azora, die Gemahlin Zadigs, voller Zorn nach Hause und erzählt, sie habe die junge Wittwe Cosrou angetroffen, als sie einen Bach, der am Grabe ihres verstorbenen Gatten vorbeifloss, ablenken liess. Sie hatte nämlich versprochen, so lange bei dem Grabe zu bleiben, als das Wasser vorbeiflösse. Azoras unmässiger Zorn missfällt Zadig. Er beschliesst sie zu prüfen; sein Freund Cador soll ihm behülflich sein. Zadig lässt seiner Gattin mittheilen, er sei plötzlich gestorben. Azora rauft sich das Haar und schwört, sterben zu wollen. Cador kommt um sie zu trösten, und schon am zweiten Tage zeigt sie sich seinen Anträgen nicht abgeneigt, zumal da Cador ihr mittheilt, dass Zadig ihm den grössten Theil seines Vermögens vermacht habe. Während des Abendessens beklagt sich Cador plötzlich über heftiges Milzstechen und sagt, es gäbe gegen dieses gefährliche Uebel nur ein Mittel, nämlich ihm die Nase eines Menschen, der am Tage zuvor gestorben, auf die Seite zu legen. Azora begiebt sich mit einem Rasirmesser in das Grabgewölbe. Zadig erhebt sich, und indem er mit einer Hand seine Nase hält, mit der anderen das Messer abwehrt, ruft er: „Madame, ereifern Sie sich nicht so gegen die junge Cosrou, denn die Absicht, mir die Nase abzuschneiden, ist mindestens eben so edel, als die, einen Bach abzulenken."

Inhalt bei Grisebach:

Der Schüler Lao-tsze's, Tschuang-söng, traf einst auf dem Kirchhofe eine Frau, welche über einem frischen Grabe ihren Fächer ohne Unterlass hin- und herschwang. Befragt sagte sie, ihr vorstorbener Mann habe sie gebeten, nicht eher wieder zu heirathen, als bis die Erde seines Grabhügels trocken geworden sei. Sie suche nun durch Fächern nachzuhelfen. Der Heilige liess sich den Fächer geben, schwang ihn über dem Hügel nach den Vorschriften der Tao-Lehre und sofort wurde die Erde trocken.

Mit dem ihm zum Andenken geschenkten Fächer kehrte er nach Hause zurück und erzählte die Geschichte seiner Frau Tiän-schi. Diese zerbricht empört den Fächer und erklärt, es gäbe nur Wenige, die dem gefühllosen Weibe glichen, sie selbst würde, wenn sie Wittwe werden sollte, es zeitlebens bleiben. Tschuang bezweifelt es. Nach einiger Zeit wird er krank und stirbt. Tiän-schi ist in aufrichtige Trauer versunken. Am siebenten Tage langt ein junger Prinz, früher Schüler ihres Gatten, an, von einem alten Diener begleitet. Sie trauern zusammen. Nach und nach verliebt sie sich in ihn und bietet ihm durch den alten Diener die Ehe an; nach langem Zögern des Prinzen wird endlich der Hochzeitstag festgesetzt. Der Sarg des Todten wird nun aus der Prunkhalle in eine verfallene Hütte hinter dem Hause getragen. Am Hochzeitsabend fällt der junge Gatte ohnmächtig zu Boden. Der Diener sagt, nur das in Wein gekochte Mark aus dem Hirn eines Menschen, der noch nicht 49 Tage todt sei, könne ihn retten. Die Frau geht mit einem Beil an den Sarg ihres ersten Gemahls. Als sie aber ein Stück vom Deckel abgeschlagen, hört sie die Leiche seufzen, und alsbald erwacht Tschuang-söng zum Leben. Sie ist zuerst sehr erschrocken, als sie aber, mit ihrem Gemahl in das Wohnzimmer tretend, weder den Prinzen noch den Diener erblickt, kehrt ihr Muth zurück, und sie weiss nun ihres Gemahls Fragen schlau zu beantworten und heuchelt grosse Freude über sein Wiederaufleben. Er thut anfangs als glaubte er ihr, dann aber reckt er seinen Finger aus und der Prinz und sein Diener treten plötzlich ins Zimmer. („Sie gingen von Tschuang-söng aus, der sich selbst in zwei theilte, indem er das Gesetz von der Theilung in Schatten und Wesen anwandte.") Da erkennt die Frau, dass ihr kein Ausweg blieb, reisst sich den gestickten Gürtel ab und hängt sich selbst. Tschuang-söng aber singt ein tiefsinnig-pessimistisches Lied, sich mit der Flöte begleitend, dann zerschmettert er diese, legt Feuer an das Haus und wandert nach dem Westen und heirathet nicht mehr[1])

---

[1]) Eduard Grisebach, der die Uebersetzung des Paters D'Entrecolles als kaum mehr als eine Paraphrase bezeichnet (pag. 20 des obengenannten Werkes), hat auch eine genaue Uebersetzung ins Deutsche herausgegeben: „Die treulose Wittwe," eine chinesische Novelle, deutsch nach dem Asiatic Journal 1853, von Eduard Grisebach Berlin, 1886.

Vergleicht man diese beiden Erzählungen mit einander, so muss man zugeben, dass die Darstellungsweise bei Voltaire die bessere ist. Während Tschuang-söng wirklich zu sterben scheint und nur wie durch ein Wunder vom Scheintode in dem Augenblick erwacht, als seine Frau im Begriffe steht, ihm den Schädel zu spalten, wissen wir von Zadig, dass er seine Frau nur auf die Probe stellen will und sind deshalb um sein Schicksal unbesorgt. Ebenso erspart uns Voltaire das hässliche Bild der sich erhängenden Frau; Azora, heisst es, wurde einige Zeit nachher verstossen, weil der Umgang mit ihr allzu beschwerlich geworden war. Seiner Neigung zur Satire hat Voltaire auch hier freien Lauf gelassen und zu diesem Zwecke das wunderbare Heilmittel eingeführt: „Voilà un étrange remède, dit Azora. — Pas plus étrange, répondit-il, que les sachets du sieur Arnould contre l'apoplexie." Hierzu kommt folgende Anmerkung Voltaires: Il y avait dans ce temps un Babylonien, nommé Arnould, qui guérissait et prévenait toutes les apoplexies, dans les gazettes, avec un sachet pendu au cou.

Z. B. Mercure de France 1747, février p. 115 f.

Le chien et le cheval. [1]) (chap. III.)

Das Année littéraire beschuldigt Voltaire in gehässiger Weise, das vorstehende Capitel einem französischen Autor entnommen zu haben; es schreibt: [2])

Vous avez évidement prouvé, Monsieur, que le chapitre de l'Ermite de Zadig est copié trait pour trait de l'Ermite de Thomas Parnell Je crois que je ne vous ferai pas de peine en vous découvrant un autre plagiat du même auteur que j'ai trouvé dans le même roman de Zadig; c'est le chapitre intitulé le chien et le cheval. Je suivrai votre

---

[1]) Moland XXI. p. 37.
[2]) Fréron, Année littéraire, 1767 I. p. 145 s. Lettre VII. Autre plagiat de M. de Voltaire à l'auteur de ces feuilles.

méthode, Monsieur, et je transcrirerai d'abord le texte de M. de Voltaire.

Es folgt nun der Text bis pag. 150. Hier heisst es weiter:

L'idée qui fait le mérite de ce chapitre, et d'après laquelle on n'aura pas manqué d'admirer encore la prodigieuse fécondité de l'auteur de Zadig, est servilement empruntée d'un de ces ouvrages qu'on net lit plus; mais M. de Voltaire lit tout avec intention et avec fruit, particulièrement les livres qui paraissent tout à fait oubliés. Dans ce nombre est un roman dans un seul volume in 12^0, imprimé en 1617 (1719, schon Moland weist auf diesen Fehler hin) sous le titre: „Le voyage et les aventures des trois princes de Sarendip, traduits du persan." Il a fouillé cette mine inconnue; il en a tiré la pièce précieuse, qu'il a enchassée dans Zadig, il a mis seulement à la place d'un chameau un chien et un cheval, grand et sublime éffort d'imagination. Lisez, Monsieur, et jugez.

Folgt der Text.

Es wird nun meine Aufgabe sein, zu untersuchen, in welcher Weise Voltaire seine Vorlage bearbeitet hat. Vorerst mögen hier einige andere Bemerkungen Platz finden. Wenn das Aunée littéraire Voltaire als Plagiator hinstellt, so befindet es sich im Unrecht, denn das französische Werk ist eine Uebersetzung aus dem italienischen unter dem Titel:

Peregrinaggio de tre figliuoli del Re di Serendippo per opera di Christoforo Armeno della Persiana nell' Italiana lingua trasportato. Venezia 1584 [1]). Ferner findet sich die nämliche Erzählung bei Gueulette in dessen „Soirées bretonnes," [2]) der das erstgenannte Werk benutzt hat. Ueberhaupt gilt hier das Nämliche, was man allen weitverbreiteten Stoffen einräumen muss, sie sind Gemeingut, und es muss jedem Autor gestattet sein, sich derselben bedienen zu dürfen, ohne deshalb den Vorwurf des litterarischen Diebstahls auf sich zu laden. [3]) Wenn die Benutzung einer Quelle, wie die unsrige,

---

[1]) Dunlop., pag. 410 b.
[2]) Dunlop., pag. 410 b.
[3]) Ueber das sonstige Auftreten des Stoffes cfr. Dunlop, p. 212, 401, 410 b, 487 Anmkg. (281 und 282). Hier ist alles Nöthige in Bezug auf

ein Diebstahl sein soll, ein wie schwerer Vorwurf würde dann Wilhelm Hauff treffen, der in seinem „Abner der Jude, der Nichts gesehen hat," Voltaire fast wörtlich übersetzt.

Wie übrigens Voltaire[1]) über das Recht der Benutzung fremder Stoffe dachte, erhellt am besten aus seinen eigenen Worten: er sagt nämlich, nachdem er einen Vergleich zwischen der Erzählung von den „drei Ringen," Swift's Erzählung von „der Tonne," „der Mero und Enegu" von Fontenelle gezogen hat:

„Ainsi presque tout est imitation. L'idée des Lettres persanes est prise de celle de l'Espion turc. Le Boïardo a imité le Pulci, l'Arioste a imité le Boiardo. Les esprits les plus originaux empruntent les uns des autres. Michel Cervantes fait un fou de son Don Quichotte; mais Roland est-il autre chose qu'un fou? Il serait difficile de décider si la chevalerie errante est plus tournée en ridicule par les peintures grotesques de Cervantes que par la féconde imagination de l'Arioste. Métastase a pris la plupart de ses opéras dans nos tragédies françaises. Plusieurs auteurs anglais nous ont copiés et n'en ont rien dit. Il en est des livres comme du feu de nos foyers; on va prendre ce feu chez son voisin, on l'allume chez soi on le communique à d'autres, il appartient à tous."

Quellen angeführt. Wenn es übrigens in der Breslauer Uebersetzung der „Tausend und eine Nacht" heisst (XIII. p. 319, ed. 1836): Geschichte des Sultans von Yemen und seiner drei Söhne (XI. p. 3 N. 558). „Ist nachgeahmt von Voltaire, wie Zadig ein Pferd und einen Hund beschreibt, ohne sie gesehen zu haben," so darf dies nur in Bezug auf die Erzählung überhaupt gelten, nicht aber auf die hier speciell angeführte Geschichte, denn es heisst ausdrücklich in der Vorrede des 11. Bandes: Die Erzählungen dieses Bandes hat zuerst Jonathan Scott aus dem arabischen übersetzt und dieselben im sechsten Bande seiner im Jahre 1811 gedruckten Ausgabe der englischen Uebersetzung von Galland's Arbeit als deren Ergänzung beigefügt.

Ich führe dies deshalb an, weil die Erzählung hier viel besser und weniger anstössig erscheint, und Voltaire seine Darstellung recht gut nach dieser gemacht haben könnte.

[1]) Voltaire, Lettres philosophiques. Lettre XXII. Sur M. Pope et quelqes autres poëtes fameux. Moland, t. XXII. p. 175.

Was den Vorwurf anbetrifft, Voltaire habe sich in knechtischer Weise an seine Vorlage gehalten, so wird die nun folgende Untersuchung leicht die Unwahrheit dieser Behauptung nachweisen.

Inhalt bei Voltaire:

Als sich Zadig eines Tages in einem Wäldchen erging, begegnete er einer Schaar Eunuchen, welche voller Unruhe etwas zu suchen schienen. Einer von ihnen fragte Zadig, ob er nicht den Hund der Königin gesehen hätte. „Es ist eine Hündin, kein Hund, antwortete Zadig, es ist ein kleines Wachtelhündchen, das vor Kurzem Junge geworfen hat, es hinkt auf dem linken Vorderfuss und hat sehr lange Ohren. Befragt, wohin das Hündchen gelaufen sei, erklärt Zadig, er habe es überhaupt gar nicht gesehen. Um dieselbe Zeit war durch einen sonderbaren Zufall auch das schönste Pferd des Königs entlaufen und die Stallmeister suchten es in grosser Aufregung. Der Oberstallmeister wandte sich an Zadig und fragte, ob er das Pferd nicht gesehen habe. Es ist der beste Galoppläufer, erwiderte Zadig, es ist fünf Fuss hoch, sein Huf ist sehr klein und sein Schweif drei und einen halben Fuss lang. Sein Gebiss ist aus dreiundzwanzigkarätigem Golde und seine Hufeisen aus elflöthigem Silber." „Welchen Weg hat es eingeschlagen?" fragte der Oberstallmeister. „Ich habe es garnicht gesehen," erwiderte Zadig. Der Oberstallmeister und der erste Eunuche waren fest überzeugt, dass Zadig den Hund und das Pferd gestohlen habe, und schleppten ihn vor die Gerichtsversammlung, die ihn zur Knute verurtheilte und lebenslänglich nach Sibirien verbannte.[1]) Kaum war das Urtheil gefällt, als man den Hund und das Pferd wiederfand.

Nun wurde zwar das Urtheil kassirt, aber Zadig musste 400 Unzen Gold bezahlen, weil er etwas nicht gesehen haben wollte, was er doch gesehen hatte. Zuvörderst muste Zadig die Strafe erlegen, worauf man ihm gestattete, seine Sache vor dem grossen Rath zu vertheidigen.

---

[1]) Bei dieser Stelle findet sich im Année littéraire folgende Anmerkung pag. 147: Il est à remarquer que la scène n'est pas en Russie mais á Babylone, et cependant l'auteur y parle de Knout et de Sibérie.

„Sterne der Gerechtigkeit, Abgründe der Gelehrsamkeit," hob Zadig an, „Spiegel der Wahrheit, Ihr besitzt die Schwere des Bleies, die Härte des Eisens, den Glanz des Diamanten und viele Beziehungen zum Golde, — da es mir vergönnt ist, vor dieser erhabenen Versammlung zu sprechen, so schwöre ich bei Orosmad, dass ich niemals den achtbaren Hund der Königin, noch das geheiligte Pferd des Königs gesehen habe. So ist es mir ergangen. Ich spazierte nahe dem kleinen Gehölz, wo ich dann den verehrten Eunuchen und den erhabenen Stallmeister traf. Ich habe im Sande die Spuren eines Thieres gesehen, und ich habe ohne Mühe gefunden, dass es die eines Hündchens waren. Kleine leichte Furchen zwischen den Spuren der Pfötchen haben mich schliessen lassen, dass es eine Hündin sein müsse, deren Zitzen herabhängen und dass sie also vor wenigen Tagen Junge geworfen haben müsse. Andere Spuren, die neben den Vorderpfoten auf dem Boden hinliefen, zeigten mir, dass sie sehr lange Ohren habe, und da der Sand durch eine Pfote immer etwas weniger aufgewühlt war als durch die drei anderen, so meinte ich, sie müsse ein wenig hinken. Was nun das Pferd anbelangt, so habe ich die Eindrücke von Pferdehufen gefunden, sie waren alle in gleicher Entfernung von einander, das Pferd muss ausgezeichnet galoppiren, sagte ich mir, der Staub war ein wenig weggefegt, $3^1/_2$ Fuss zu beiden Seiten von der Mitte der Strasse aus, das Pferd hat einen Schweif von $3^1/_2$ Fuss Länge, schloss ich; an frisch geknickten Zweigen habe ich erkannt, dass das Ross 5 Fuss hoch sei. Sein Gebiss muss aus 23 karätigem Golde sein, denn es hat den Buckel des Gebisses an einem Stein gerieben, den ich als einen Probirstein erkannt habe, dasselbe gilt für die Hufe."

Der Inhalt der Vorlage [1]) Voltaire's ist der folgende:

Als die drei Prinzen die Grenzen ihrer Staaten überschritten hatten, gelangten sie in das Reich des mächtigen Kaisers Behram. Auf dem Wege nach der Hauptstadt be-

---

[1]) Le chevalier de Mailly. Paris, 1619, in 12⁰.
Le voyage et les aventures des trois princes de Sarendip traduits du persan. p. 12 ff.

gegnete ihnen ein Kameeltreiber, der eines seiner Thiere verloren hatte, und fragte sie, ob sie dasselbe nicht gesehen hätten. Da die Prinzen die Spuren eines solchen Thieres bemerkt hatten, bejahten sie die Frage, und um den Mann noch sicherer zu machen, fragte der älteste, ob das Kameel nicht einäugig sei, der zweite, ob ihm nicht ein Zahn fehle, und der dritte, ob es nicht hinke. Dies alles traf zu und der Kameeltreiber ging vergnügt nach der angedeuteten Richtung, um sein Thier zu suchen. Er fand es jedoch nicht und kehrte betrübt zurück; die drei Prinzen sah er an einem Brunnen im Kühlen sitzen und beklagte sich bitter, dass sie sich über ihn lustig gemacht und das Kameel überhaupt gar nicht gesehen hätten. Die Brüder jedoch betheuerten, dass dies keineswegs ihre Absicht gewesen sei, und der älteste fragte, ob das Kameel nicht auf der einen Seite mit Butter, auf der andern Seite mit Honig beladen gewesen sei; der zweite rief: „Ich sage Euch, dass eine Frau auf dem Kameele sass," und ich, sprach der dritte, „dass sie schwanger war."

Nach diesen Mittheilungen zweifelte der Kameeltreiber nicht mehr, dass die drei das Kameel nicht nur gesehen hätten, sondern er war überzeugt, dass sie es gestohlen hätten. Als man nun die Hauptstadt erreicht hatte, liess er sie verhaften, und da man sie für Strassenräuber hielt, wurden sie zum Tode verurtheilt. Der Kaiser selbst bestätigte das Urtheil. Unterdessen fand ein Nachbar des Kameeltreibers das verlorene Thier und brachte es seinem Eigenthümer zurück. Dieser eilte sogleich zum Kaiser, um die Freilassung der Unschuldigen zu erwirken. Der Kaiser wünschte nun zu erfahren, wodurch die drei Brüder in den Stand gesetzt worden wären, eine so genaue Beschreibung von dem Kameele zu geben, das sie doch gar nicht gesehen hätten. „Ich habe das Kameel für einäugig gehalten," sprach der älteste, „weil das Laub nur auf der einen Seite des Weges, den das Thier genommen, abgefressen war, obgleich es auf der andern Seite viel saftiger war." „Ich habe erkannt," sprach der zweite, „dass dem Kameele ein Zahn fehlt, weil ich fast bei jedem Schritt halbzerkaute Büschel Gras von der Breite eines Kameelzahnes gefunden habe." Der dritte sagte: „Ich meine, dass das Kameel hinkt, weil ich bei aufmerksamer Betrachtung seiner Spuren gesehen habe, dass es einen Fuss nachschleppt." Das Kameel, berichteten sie nun weiter, sei auf der einen Seite mit Butter, auf der anderen mit Honig beladen gewesen, weil auf der rechten Seite des Weges eine Strecke weit eine Menge Ameisen, die das Fette lieben, gewesen seien, auf der linken aber eine Menge Fliegen, die die Süssigkeit lieben. Der eine der Brüder hat an einer Stelle, wo das Kameel niedergekniet war, den Abdruck eines Frauenstiefels gesehen, auch hatte er nahe dabei eine kleine Pfütze gesehen, deren schaler und säuerlicher Geruch ihn sogleich erkennen liess, dass es Urin von einer Frau sein müsse. Die Schwangerschaft dieser Frau wird schliesslich dadurch dokumentirt, dass man die Eindrücke ihrer Hände im Sande gefunden hat. Um sich bequemer erheben zu können, hat sie sich auf die Hände gestützt, um das Gewicht ihres Körpers einigermassen zu erleichtern.

Der objective Beurtheiler wird zugeben müssen, dass Voltaire eigentlich nur die Idee, welche der Erzählung zu Grunde liegt, für seinen Zadig benutzt hat; ein kluger Mann schliesst, auf untrüglichen Anzeichen fussend, das Vorhandensein irgend eines Gegenstandes, ohne ihn gesehen zu haben.

Nur in einem Punkte stimmen beide Erzählungen überein, der Hund und das Kameel hinken, sonst hat Voltaire seine Indizien alle selbst erfunden, ja seine Erfindungen sind viel scharfsinniger als die seiner Vorlage, denn man kann allenfalls glaubhaft finden, dass das Pferd zufällig sein Gebiss an einem Probirstein gerieben hat, und dass die langen Ohren des Hündchens feine Furchen im Sande zurückgelassen haben, aber die Anwesenheit von Fliegen und Ameisen berechtigt nicht zu der Annahme, dass Butter und Honig vorhanden sein müssen, der anderen Anzeichen nicht zu gedenken. Der Styl beider Erzählungen duldet überhaupt keinen Vergleich, und nur das Bestreben, Voltaire zu verkleinern, kann als Beweggrund zu einer solchen Auffassung der Dinge, wie sie das Année littéraire vertritt, gewesen sein.

Capitel IV—VIII.[1])

Die vier folgenden Capitel zeigen weniger fremden Einfluss, obwohl man auch wiederum nicht sagen kann, dass Voltaire eine besondere Originalität zeigt. Die hier behandelten Stoffe sind ganz allgemeiner Natur, typenhaft, auch hat Voltaire seiner Abneigung gegen einzelne Personen Raum gegeben, so z. B. richtet sich der erste Theil des vierten Capitels L'Envieux gegen den Bischof Boyer, der Voltaire heftig verfolgt hatte. Besonders zornig mochte Voltaire auf ihn sein, weil Boyer es zu verhindern gewusst hatte, dass Voltaire der Nachfolger des Kardinals Fleury in der Académie française wurde, worüber sich Voltaire bitter beklagt.[2])

Das Bild des Neidischen ist ein durchaus typenhaftes, und ich glaube nicht, dass Voltaire eine Vorlage gehabt hat. Zwar finden die Herausgeber der „Tausend und eine Nacht,"[3]) dass die Erzählung: „Geschichte des Neiders und des Beneideten," Nacht 50—52, einige Aehnlichkeit mit Voltaire's Envieux habe, doch kann man dem nicht beipflichten. Es wäre möglich, dass Voltaire die Arcadia des Philip Sidney gekannt hat und nach der Schilderung des Neidischen seinen Envieux gezeichnet hat, doch habe ich dies nirgends bestätigt gefunden. Ich setze die beiden Beschreibungen einander gegenüber.

Inhalt bei Voltaire:

Gegenüber seinem Hause wohnte Arimaze, ein Mensch, dessen schlechtes Herz sich auf seinem widerwärtigen Antlitze spiegelte. Da er es in der Welt zu nichts gebracht hatte, rächte er sich dadurch, dass er auf sie schimpfte.[4]) Er war von Galle zerfressen und aufgebläht von Stolz, dazu ein

---

[1]) Moland XXI. p. 40—54.

[2]) Moland I. 24. 84. Mémoires pour servir à la vie de M. de Voltaire écrits par lui même.

[3]) Tausend und eine Nacht, deutsch von Max Habicht etc. Breslau 1836. t. XIII. p. 308.

[4]) Moland XXI. pag. 41. note 1. Immitation d'une phrase de Montaigne Essais III. 7.

langweiliger Schöngeist. Obgleich er sehr reich war, hatte er kaum einige Schmeichler um sich zu versammeln vermocht. Das Geräusch der vor Zadigs Hause vorfahrenden Wagen ärgerte ihn, mehr noch ärgerten ihn die Lobpreisungen, die man Zadig zollte. Zuweilen stellte er sich zum Abendessen ein, ohne gebeten zu sein; er setzte sich zu Tische und verdarb da alle Fröhlichkeit, wie die Harpien das Fleisch verpesten, welches sie berühren.

Dunlop pag. 367a giebt die Schilderung des Neidischen folgendermassen: Ein Mann von dem neidischsten Sinne, der jemals die Luft mit seinem Athem verpestete, dessen Augen keinen Menschen gerade anblicken, dessen Ohren niemandes Lob anhören können; gegen die Natur aller anderen Plagen von dem Wohlergehen anderer geplagt; der das Glück zum Anlass seines Unglückes und eine gute Nachricht zum Gegenstand seines Kummers machte, mit einem Wort, ein Mensch, dessen Gunst niemand gewinnen konnte ausser dadurch, dass er elend war.[1]

Im Spectator Nr. 19 ist diese Schilderung weiter ausgedehnt.[2] Wenn man auch zugeben muss, dass sich mancherlei Aehnlichkeiten finden, so wird dies bei der Beschreibung eines Typus stets der Fall sein.

In der nun folgenden Erzählung, welche die durchschnittenen Verse behandelt, mag Voltaire auf die Schicksale seiner eigenen Dichtungen anspielen, wie er sich a. a. O. bitter über seine Feinde beklagt, die seine Schriften verunstalten.[3] Eine direkte Quelle habe ich nicht nachweisen können, wenngleich ein Papagei häufig in gleicher Eigenschaft wie hier auftritt.

---

[1] Dunlop citirt nach der Ausgabe London 1674, p. 130. Ich habe die Ausgabe von 1613 zur Hand gehabt. Die betreffende Stelle findet sich daselbst p. 131.

[2] The Spectator, London 1822, pag. 62.

[3] Moland V. p. 299. L'Orphelin de la Chine. Épître dédicatoire: „Si tu composes quelque ouvrage, ne le montre qu'à tes amis; crains le public et les confrères; car on falsifiera, on empoisonnera ce que tu auras fait, et on t'imputera ce que tu n'auras pas fait. La calomnie qui a cent trompettes, les fera sonner pour te perdre, tandis que la

Das folgende Capitel „Les Généreux," enthält die Beschreibung einiger grossmüthigen Handlungen. Gleich die erste hat Voltaire dem Leben selbst entnommen. „Zuerst erschien," heisst es, „ein Richter, der durch ein Versehen, wofür er nicht einmal verantwortlich war, einen grossen Prozess für einen Bürger verloren hatte. Er gab ihm sein gesammtes Vermögen, das so viel betrug, als der Bürger verloren hatte."

Moland t. XXI. p. 44 führt hierzu an Anm. 1: C'est à peu près le trait de Des Barreaux; er verweist auf zwei Stellen in Voltaire's Schriften. Die erste findet sich: Moland XIV. Siècle de Louis XIV. p. 63. Catalogue de la plupart des écrivains français Des Barreaux: „On sait qu'en nuyé d'un procès dont il était rapporteur, il paya de son argent ce que le demandeur exigeait, jeta le procès au feu et se demit de sa charge." In der andern dort angeführten Stelle: Mélanges, année 1767, la septième des Lettres à L. A. monseigneur le prince de... Moland t. XXVI. p. 498 findet sich kein Wort über diese Angelegenheit, wohl aber Moland VIII. p. 428 note 1 H. (Des Barreaux) était conseiller au parlement: il paya à des plaideurs les frais de leur procès qu'il avait trop différé de rapporter (Note de Voltaire 1742) Dans les éditions de Kehl et suivantes, au lieu de cette note on lit: Dans le temps qu'il était conseiller au parlement les parties pressant le jugement d'un procès dont il était rapporteur, il brûla les pièces et donna la somme pour laquelle on plaidait.

Die übrigen Thaten der Grossmuth sind unwichtig und dürften von Voltaire selbst erfunden sein.

Capitel VI (Le ministère) enthält gleichfalls wenig Entlehntes, wenngleich die erste Geschichte vielleicht eine Vorlage hat: die beiden anderen von den beiden Priestern, von denen jeder der Gatte eines reichen Mädchens und Vater

---

vérité, qui est muette, restera auprès de toi. Le célèbre Ming fut accusé d'avoir mal pensé du Tien et du Li, et de l'empereur Vang; on trouva le vieillard moribond qui achevait le panégyrique de Vang, et un hymne au Tien et au Li." cfr. Moland XXI. p. IX.

ihres Kindes sein will, sowie die letzte von dem Eiteln und seiner Heilung dürften gleichfalls von Voltaire erfunden sein. Diese letzte Erzählung ist zuerst in der Ausgabe in Kehl eingefügt worden, cfr. Moland XXI. p. 47. Anm. 1.

In Capitel VII (Les disputes et les audiences) findet sich eine Episode aus Gulliver's Reisen nachgeahmt, nur tritt bei Voltaire die Satire noch mehr hervor als bei Swift. Auch ist die Satire bei Voltaire leichter verständlich als bei Swift, denn während der letztere auf Ereignisse aus dem politischen Leben anspielt, geisselt Voltaire die Thorheit und Rechthaberei der Menschen überhaupt; endlich muss man zugestehen, das Voltaire seinen Stoff viel gedrängter behandelt hat und dadurch sein Vorbild übertroffen hat.

Der Inhalt bei Voltaire ist ungefähr folgender:

Es war ein grosser Streit in Babylon, der schon fünfzehnhundert Jahre dauerte und der das Volk in zwei erbitterte Parteien schied. Die eine behauptete, man dürfe nur mit dem linken Fuss in den Tempel Mithras eintreten, die andere verabscheute diesen Gebrauch und betrat niemals anders den Tempel als mit dem rechten. Nun nahte das Fest des heiligen Feuers, und ganz Babylon, das ganze Weltall, richtete die Blicke auf Zadig, um zu erfahren, welche Sekte von ihm begünstigt werden würde. Zadig sprang mit gleichen Füssen in den Tempel und bewies dann durch eine zündende Rede, dass Gott keinen Unterschied zwischen dem linken und dem rechten Bein mache.

Hierzu kommt noch die folgende Erzählung:

In gleicher Weise legte er den Streit der weissen und schwarzen Priester bei. Die weissen behaupteten, es sei gottlos, sich im Winter beim Gebet nach Osten zu wenden, die schwarzen versicherten, dass Gott die Gebete derjenigen verabscheue, die sich des Sommers gen Westen wendeten. Zadig befahl, dass man sich wenden solle, wohin man wolle.

Diesen beiden Erzählungen steht nun als Quelle die folgende entgegen, die sich bei Swift findet. Es heisst da im 4. Capitel der Reise nach Lilliput:

One morning, about a fortnight after I had obtained my liberty, Redresal, principal secretary (as they style him) for

private affairs, came to my house attended only by one servant. He ordered his coach to wait at a distance, and desired I would give him an hour's audience; which I readily consented to, on account of his quality and personal merits, as well as of the many good offices he had done me during my solicitations at court. I offered to lie down, that he might the more conveniently reach my ear; but he chose rather to let me hold him in my hand during our conversation. He began with compliments on my liberty; said "he might pretend to some merit in it;" but however added, "that if it had not been for the present situation of things at court, perhaps I might not have obtained it so soon. For, said he, "as flourishing a condition as we may appear to be in to foreigners, we labour under twoo mighty evils; a violent faction at home, and the danger of an invasion, by a most potent enemy, from abroad. As to the first, you are to understand, that for above seventy moons past there have been two struggling parties in this empire, under the names of Tramecksan and Slamecksan, from the high and low heels of their shoes, by which they distinguish themselves. It is alleged, indeed, that the high heels are most agreeable to our ancient constitution; but, however this be, his majesty has determined to make use only of low heels in the administration of the government, and all offices in the gift of the crown, as you cannot but observe; and particularly that his majesty's imperial heels are lower at least by a drurr than any of his court: drurr is a measure about the fourteenth part of an inch. The animosities between these two parties run so high, that they will neither eat nor drink, nor tale with each other. We compute the Tramecksan, or high heels, to exceed us in number: but the power is wholly on our side. We apprehend his imperial highness, the heir to the crown, to have some tendency towards the high heels; at least we can plainly discover that one of his heels is higher than the other, which gives him a hobble in his gait. Now, in the midst of these intestine disquiets, we are threatened with an invasion from the island of Blefuscu, which is the other great empire of the universe, almost as large and powerful as this of his majesty. For as to what we have heard you affirm, that there are other kingdoms and states in the world inhabited by human creatures as large as yourself, our philosophers are in much doubt, and would rather conjecture that you dropped from the moon, or one of the stars; because it is certain, that a hundred mortals of your bulk would in a short time destroy all the fruits and cattle of his majesty's dominions: besides our histories of six thousand moons make no mention of any other regions than the two great empires of Lilliput and Blefuscu. Which two mighty powers have, as I was going to tell you, been engaged in a most obstinate war for six-and-thirty moons past. It began upon the following occasion: it is allowed on all hands, that the primitive way of breaking eggs, before we eat them, was upon the larger end; but his present majesty's grandfather, while he was a boy, going to eat an egg, and breaking it according to the ancient practice, happened to cut one of his fingers; where-upon, the emperor his father published an edict, commanding all his subjects, upon great penalties, to break the smaller end of their eggs. The people so highly resented this law, that our histories tell us, there have been six rebellions raised on that account; wherein one emperor lost hist life, and another his crown. These civil commotions were constantly fomented by the monarchs of Blefuscu; and when they were quelled, the exiles always fled for refuge to that empire. It is computed that eleven thousand persons have at several times suffered death, rather than submit to break their eggs at the smaller end. Many hundred large volumes have been published upon this controversy: but the books of the Big-endians have been long forbidden, and the whole party rendered incapable by law of holding employments. During the course oft these troubles, the emperors of Blefuscu did frequently expostulate by their ambassadors, accusing us of making a schism in religion, by offending against a fundamental doctrine of our great prophet Lustrog, in the fifty-fourth chapter of the Blundecral, which is their Alcoran. This however is thought to be a mere strain upon the text; for the words are these:

that all true believers break their eggs at the convenient end; and which is the convenient end, seems, in my humble opinion, to be left to every man's conscience, or at least in the power of the chief magistrate to determine."

Die Aehnlichkeit zwischen den beiden Satiren ist unverkennbar; es wäre auch zu verwundern, wenn zwei geistig so verwandte Naturen, wie Swift und Voltaire, sich nicht an einander hätten anlehnen sollen, zumal da Voltaire die Schriften Swift's ganz genau kannte und gebührend zu schätzen wusste. Er nannte ihn den Rabelais Englands, aber ohne dessen schwülstigen Styl; er empfahl Gulliver's Reisen seinem Sekretär Thieriot[1]) als durchaus zu einer Uebersetzung geeignet.

„Das Buch," sagt er, „würde schon durch die sonderbaren Einfälle unterhaltsam sein, wenn es nicht eine Satire auf die Menschheit wäre." Den zweiten Theil stellt er nicht so hoch, er hält die Schilderungen für zu übertrieben, und man darf sich dieser Ansicht anschliessen.[2])

Von Interesse ist in diesem Capitel noch eine Satire gegen den biblischen Styl. Der Neider nämlich hält mit seiner Frau ein Gespräch über den wenig bilderreichen Styl Zadig's, er lässt Hügel und Berge nicht genügend tanzen. Er ist trocken und geistlos, denn bei ihm sieht man weder das Meer fliehen, noch die Sterne fallen, noch die Sonne wie Wachs schmelzen; er hat nicht den guten orientalischen Styl. Zadig begnügte sich, einen vernünftigen Styl zu haben, und jedermann war auf seiner Seite. Moland XXI. pag. 49

---

[1]) Moland t. XXXIII. p. 165, Brief an M. Thieriot, le 2 février vieux style) 1727.

[2]) Moland XXXII. p. 174.

Voltaire über Swift:

cfr. Lettres philosophiques. Lettre XXII. Sur M. Pope et quelques autres poètes fameux. Moland XXII. p. 174.

cfr. Lettres à S. A. Mgr. le prince de *** sur Rabelais et sur d'autres auteurs accusés d'avoir mal parlé de la religion chrétienne. Moland XXVI. p. 491.

cfr. Articles extraits du journal de politique et de litterature. La vie et les opinions le Tristram Shandy, traduites de l'anglais de Sterne, par M. Frénais (le 25 avril 1777). Moland XXX. p. 381.

hat die einschlägigen Bibelstellen aufgezählt; ich führe dieselben hier weiter aus:

Psalm 93, 3—5, 3: Herr, die Wasserströme erheben sich, die Wasserströme erheben ihr Brausen, die Wasserströme heben empor die Welt. 4. Die Wasserwogen im Meer sind gross und brausen greulich, der Herr aber ist noch grösser in der Höhe. 5. Dein Wort ist eine rechte Lehre. Heiligkeit ist die Zierde deines Hauses ewiglich.

Der Psalm 93 enthält nur fünf Verse, nicht sechs, wie Moland citirt, und von Hügeln und Bergen ist dort nicht die Rede. Richtiger würde sein Jesaias 54, 10. „Denn es sollen wohl Berge weichen und Hügel hinfallen, aber meine Gnade soll nicht von dir weichen," spricht der Herr, dein Erbarmer.

Ausserdem: Psalm 65, 7; Hiob 9, 5; Matth. 17, 20; 21, 21; Marcus 11, 23; 1. Cor. 13, 2.

Jesaias 14, 12: Wie bist du vom Himmel gefallen, du schöner Morgenstern, wie bist du zur Erde gefallen, der du die Heiden schwächtest. 2. Mos. 16, 21. Sie sammelten aber desselben alle Morgen, so viel ein jeglicher für sich essen mochte. Wenn aber die Sonne heiss schien, zerschmolz es. (Von Moland irrthümlich angeführt, gehört nicht hierher). Judith 16, 18: Die Berge müssen zittern, und die Felsen zerschmelzen wie Wachs vor dir.

Im weiteren Verlauf des Capitels wird nun erzählt, wie sich die Damen um die Gunst Zadig's bewerben, doch weist er alle Anträge zurück, denn er liebt die Königin Astarté. Das Verhältniss ist jedoch ein durchaus reines. Durch eine Intrigue wird es dem König bekannt, der voll Zorn seine Gemahlin vergiften, Zadig aber aufhängen will (Cap. XIII); ein Zwerg verräth den beiden Bedrohten den Anschlag, und sie entfliehen.

La femme battue. (chap. IX.)

Moland XXI. p. 56. note 1 findet mit Recht, dass dieses Capitel grosse Aehnlichkeit mit der zweiten Scene im „Le Médicin malgré lui" hat; man muss jedoch einräumen, dass

Molière die Situation besser getroffen hat, als Voltaire, denn bei Molière ist die Scene komisch, während sie bei Voltaire einen nur zu ernsten Charakter trägt. Bei Molière prügelt ein Bauer seine Frau, der Nachbar kommt zufällig dazwischen und macht dem Manne wegen seiner Rohheit Vorwürfe; beide Gatten wenden sich sogleich vereint gegen ihn, und er muss froh sein, dass er nicht selbst noch Schläge davon trägt. Bei Voltaire ist die Situation eine ganz andere.

Zadig nahm die Sterne zu Wegweisern und zog nach Egypten traurigen Muthes, denn er glaubte, dass vielleicht Astarté um seinetwillen den Tod erlitten habe. In der Nähe eines Dorfes gewahrt er eine jammernde Frau, welche Himmel und Erde um Hilfe anruft, und hinter ihr einen wüthenden Mann, der sie verfolgt. Schon hat er sie erreicht; sie umfasst seine Kniee, er aber überhäuft sie mit Schlägen und Vorwürfen. Sie fleht Zadig um Hilfe an, und dieser beschwört den Rasenden, von der Dame abzulassen. Der Egypter glaubt, Zadig sei auch einer der Liebhaber der Dame, und dringt nun wüthend auf diesen ein. Zadig entwaffnet ihn und gelobt ihm sein Leben, wenn er von der Dame ablässt; doch jener reisst heimtückisch den Dolch aus der Scheide, und nun stösst ihm Zadig das Schwert in die Brust. Nun nähert er sich der Dame, doch diese macht ihm die heftigsten Vorwürfe und wünscht ihm den Tod, weil er ihren Geliebten erstochen hat. „Ich wollte," ruft sie, „dass er mich noch prügelte, und du lägest hier an seiner Statt, Verbrecher!" „Sie verdienen trotz Ihrer Schönheit, dass ich Sie meinerseits durchprügelte." sagte Zadig, bestieg sein Kameel und ritt von dannen. Kaum war er einige Schritte entfernt, als Reiter auf die Dame losstürzten. Es waren Boten aus Babylon, die der König der Astarté nachgesandt, und da die Dame der Königin ein wenig ähnlich sah, so hielt man sie für die Königin selbst und schleppte sie fort. Wohl rief sie um Hilfe und verhiess Zadig ewige Dankbarkeit, doch der wusste, was von solchen Versprechungen zu halten, und ritt seiner Wege.[1]

---

[1] Der nämliche Stoff findet sich behandelt in: Candide (chap. XVI).

Dem gegenüber steht nun die zweite Scene in Le Médecin malgré lui von Molière. Sganarelle prügelt seine Frau Martine, der Nachbar Robert kommt dazu:

Robert.

Holà! holà! holà! Fi! Qu'est ceci? Quelle infamie! Peste soit le coquin, de battre ainsi sa femme!

Martine.

Et je veux, qu'il me batte, moi!

Robert.

Ah! j'y consens de tout mon cœur.

Martine.

De quoi vous mêlez-vous?

Robert.

J'ai tort.

Martine.

Est-ce là votre affaire?

Robert.

Vous avez raison.

Martine.

Voyez un peu cet impertinent, qui veut empêcher les maris de battre leurs femmes!

Robert.

Je me rétracte.

Martine.

Qu'avez-vous à voir là-dessus?

Robert.

Rien.

Martine.

Est-ce à vous d'y mettre le nez?

Robert.

Non.

Martine.

Mêlez-vous de vos affaires.

Robert.

Je ne dis plus mot.

Ce qui advint aux deux voyageurs avec deux filles deux singes etc. Moland t. XXI. p. 169.

Martine.

Il me plait d'être battue.

Robert.

D'accord.

Martine.

Ce n'est pas à vos dépens.

Robert.

Il est vrai.

Martine.

Et vous êtes un sot de venir vous-fourrer où vous n'avez que faire. (Elle lui donne un soufflet.)

Robert, à Sganarelle.

Compère, je vous demande pardon de tout mon cœur. Faites, rossez, battez comme il faut votre femme; je vous aiderai si vous le voulez.

Sganarelle.

Il ne me plait pas, moi.

Robert.

Ah! c'est une autre chose.

Sganarelle.

Je la veux battre, si je le veux; et ne la veux pas battre, si je ne le veux pas.

Robert.

Fort bien.

Sganarelle.

C'est ma femme, et non pas la vôtre.

Robert.

Sans doute.

Sganarelle.

Vous n'avez rien à me commander.

Robert.

D'accord.

Sganarelle.

Je n'ai que faire de votre aide.

Robert.

Très-volontiers.

Sganarellle.

Et vous êtes un impertinent de vous ingérer des affaires

d'autrui. Apprenez que Cicéron dit qu'entre l'arbre et le doigt il ne faut point mettre l'écorce. (Il le chasse aprés l'avoir battu).

Die Aehnlichkeit ist sehr gross, und Voltaire hat vielleicht unwillkürlich Molière nachgeahmt.

Zadig wird nun, weil er einen Egypter erschlagen, zur Sclaverei verurtheilt, doch bekam er einen wohlwollenden Herrn, der seine vortrefflichen Eigenschaften bald schätzen lernte. Als Sétoc, der Herr Zadigs, mit ihm und seinen übrigen Sklaven bei seinem Stamme angekommen war, bot sich für Zadig eine Gelegenheit, seine Klugheit zu zeigen. Sétoc hatte einem Juden vor zwei Zeugen 500 Unzen Gold geliehen und verlangte dasselbe jetzt zurück. Der Jude leugnete, das Geld empfangen zu haben.

Zadig erbot sich, nachdem er erfahren, dass der Jude ein sehr lebhafter Mann sei, die Sache vor Gericht zu führen Auf Befragen, ob er Zeugen habe, antwortete Zadig: „Nein sie sind todt, aber es existirt noch der grosse Stein, auf welchem das Geld gezählt wurde; wenn es Euch beliebt, ihn holen zu lassen, so bin ich gewiss, dass er Zeugniss ablegen wird; ich und der Jude werden indessen hier warten. Der Richter willfahrte ihm. Am Ende der Sitzung sprach er zu Zadig: „Euer Stein ist noch nicht angekommen." „O," meinte der Jude lachend, „Euer Excellenz kann bis morgen warten denn der Stein liegt ungefähr sechs Meilen von hier und ist so schwer, dass ihn fünfzehn Männer kaum bewegen können." „Ich hatte es voraus gesagt, dass der Stein Zeugniss ablegen würde," rief Zadig, „wenn dieser Mann weiss wo er liegt, so gesteht er ein, dass auf ihm das Geld gezählt wurde."

Diese Erzählung ist eine weitverbreitete. Voltaire dürfte den Grundgedanken zu derselben aus den Fabeln des Bidpai[1])

---

[1]) Essai sur les moeurs et l'esprit des nations. Chapitre III. Des Indes. Molland t. XI. p. 182. C'est là (aux Indes) que le célèbre Pilpay écrivit, il y a deux mille trois cents années, ces fables morales, traduites dans presque toutes les langues du monde.

L'Orphelin de la Chine. A Monseigneur le maréchal duc de Richelieu. Moland V. p. 296. Si vous le cherchez (l'art dramatique)

oder, wie Voltaire den Namen schreibt, Pilpay, entnommen haben, die er wahrscheinlich aus Gallands Uebersetzung kannte.¹) Hier wie dort wird ein lebloser Gegenstand als Zeuge angerufen; bei Voltaire kommt die Wahrheit allerdings durch die Unüberlegtheit des Beschuldigten an's Tageslicht, während bei Bidpai der Helfershelfer des Betrügers, der der Gottheit in's Handwerk pfuschen will, beinahe verbrennt. In beiden Fällen fängt sich der Betrüger in seiner eigenen Falle, bei Voltaire ist jedoch die Situation dem höheren Bildungsgrade seiner Personen angepasst.

Inhalt: Der Ehrliche und der Dieb. Zwei Freunde begeben sich auf Reisen, um ihr Glück zu machen. Der Ehrliche findet eine Börse mit 1000 Denaren, und nach einem solchen Glück meinen beide, dass es unnöthig sei, weiter zu reisen. Sie vergraben also die Summe und beschliessen, den Schatz nach und nach aufzuzehren. Am anderen Tage gräbt der Dieb das Geld wieder aus und fordert einige Zeit danach seinen Genossen auf, mit ihm zu dem gemeinsamen Schatz zu gehen. Beim Anblick der leeren Grube beschuldigt er den Ehrlichen, das Geld gestohlen zu haben, und dieser beschuldigt ihn seinerseits des Diebstahls. Beide begeben sich vor den Richter. Der Richter fragt, ob sie Zeugen hätten. „Ich habe nur den Baum als Zeugen, unter dem der Schatz vergraben wurde," antwortete der Ehrliche, „und ich hoffe, dass er die Wahrheit meiner Aussage bestätigen wird."

Am anderen Tage begab sich der Richter zu dem Baum. Unterdessen hatte der Unredliche seinen Vater überredet, in den Baum, der hohl war, zu kriechen und für ihn Zeugniss abzulegen. Nach langem Widerstreben willigt der Vater ein. Der Ehrliche aber, dem die Sache verdächtig vorkommt, lässt

---

chez les Perses, chez les Indiens qui passent pour des peuples inventeurs vous ne l'y trouverez pas; il n'y est jamais parvenu. L'Asie se contentait des fables de Pilpay et de Lokmann qui renferment toute la morale et qui instruisent en allégories toutes les nations et tous les siècles.

¹) Les Contes et Fables indiennes de Bidpai et de Lokmann, traduites d'Ali Tchelebi-ben-Saleh auteur ture, œuvre posthume par M. Galland. Paris 1724. 2 vol. in 12⁰. Vergleiche hierzu: Loiseleur Deslongchamps, Essai sur les fables indiennes t. I. p. 25. n. 3.

Feuer an den Baum legen; der alte Mann kommt halb verbrannt hervor und gesteht alles. Der Dieb wird ins Gefängniss geführt. (Loiscleur Deslongchamps I. pag. 41.)
Capitel XI: Le bûcher. Zadig spricht sich gegen den Gebrauch aus, dass sich Wittwen zugleich mit dem Leichnam ihres verstorbenen Gatten verbrennen lassen, denn sie könnten dem Staate viel wichtigere Dienste leisten. Sétoc meint, man könne einen durch die Länge der Zeit geheiligten Missbrauch nicht abschaffen, worauf ihn Zadig mit dem Ausspruche schlägt: „Die Vernunft ist älter als der älteste Missbrauch." Hierauf begiebt sich Sétoc zu den Häuptlingen des Stammes und Zadig zu Almona, einer jungen Wittwe. Er überzeugt sie denn auch von der Thorheit ihres Unternehmens und beweist ihr, dass es nur Eitelkeit ist, was sie zu diesem Schritte treibt. Schliesslich fragt er: „Que feriez-vous enfin, si la vanité de vous brûler ne vous tenait pas?„ „Hélas," dit la dame, „je crois que je vous prierais de m'épouser." Leider konnte Zadig dieser zarten Aufforderung nicht Folge leisten. Seit dieser Zeit verbrannte sich keine Wittwe mehr, und Zadig ward auf diese Weise der Wohlthäter von ganz Arabien.

Le souper. (chap. XII.)

Le souper ist die Erzählung von den drei Ringen, welche Voltaire mehrfach erwähnt.[1]) Den Decamerone des Boccaccio, wo sich die Geschichte in Tag. I. Nr. 3 vorfindet, hat Voltaire selbstverständlich gekannt. Ueber das sonstige Vorkommen dieses Stoffes cfr. Dunlop pag. 221. Voltaire erwähnt allerdings von der Geschichte bei Boccaccio selbst nichts, aber er

---

[1]) Lettres philosophiques. Lettre XXII. Sur M. Pope et quelques autres poëtes fameux. Moland t. XXII p. 175. Lettres à S. A. Mgr. le Prince de***. Lettre X. Sur Swift. Moland t. XXVI. p 490.

erwähnt dessen ausgezeichneten Styl.[1]) Nicht zum wenigsten dürfte Voltaire durch die Erzählung von der Tonne in Swift und durch die Histoire de Méro et d'Ènegu von Fontenelle beeinflusst worden sein. Beide Romane erwähnt er mehrmals, und die Erzählung von der Tonne hat er sogar zweimal analysirt.

Ce conte du Tonneau, schreibt er,[2]) du Doyen Swift est une imitation des Trois Anneaux. La fable de ces anneaux est fort ancienne: elle est du temps des croisades. C'est un vieillard qui laisse, en mourant, une bague à chacun de ses trois enfants: ils se battirent à qui aurait la plus belle; on reconnut enfin, après de longs débats, que les trois bagues étaient parfaitement semblables. Le bon vieillard est le théisme, les trois enfants sont la religion juive, la chrétienne, et la musulmane. L'auteur oublia les religions des mages et des brachmanes, et beaucoup d'autres;[3]) mais c'était un Arabe qui ne connaissait que ces trois sectes. Cette fable conduit à cette indifférence qu'on reprocha tant à l'empereur Frédéric II, et à son chancelier De Vineis, qu'on accuse d'avoir composé le livre De tribus Impostoribus, qui, comme vous savez, n'a jamais existé.[4])

Le conte des Trois Anneaux se trouve dans quelques anciens recueils etc.

Die Erzählung von Fontenelle: Histoire de Méro et d'Ènegu findet sich gleichfalls bei Voltaire analysirt.[5]) In

---

[1]) Essai sur les mœurs et l'esprit des nations chap. LXXXII. Moland t. XII. p. 60. Ce Boccace fixa la langue romane: il est encore le premier modèle en prose pour l'exactitude et pour la pureté du style, ainsi que pour le naturel de la narration.

[2]) Moland t. XXVI. pag. 490.

[3]) Voltaire hat auch einige andere Religionen mit berücksichtigt, worauf er hier wahrscheinlich anspielt.

[4]) Ueber das Buch De tribus impostoribus cfr. Th. Grässe, Lehrbuch einer allgemeinen Litterärgeschichte aller bekannten Völker der Welt. t. II. 2. Abthlg. 1. Hälfte p. 32.

[5]) Lettres à S. A. Mgr. le Prince de***. Lettre VII. Sur les Français (De Fontenelle). Moland XXVI p. 500. NB. Ich habe die Erzählung Fontenelle's nicht einsehen können, da sie nur in zwei Aus-

seiner Darstellung nun ist Voltaire nicht so sehr Satiriker wie seine Vorgänger, es ist ihm mehr darum zu thun, den Aberglauben zu verspotten, und er hat vor allem diejenigen Eigenthümlichkeiten ins Auge gefasst, deren Unwahrscheinlichkeit am klarsten hervortritt. Ein Angriff gegen ein Bekenntniss findet sich nicht.

Sétoc unternimmt eine Reise nach Bassora, wobei ihn Zadig begleitet. An der Abendtafel entspinnt sich dann der Wortwechsel. Ein Egypter ist über den Unglauben der Araber aufgebracht, weil man ihm auf die Mumie seiner Tante nicht 1000 Unzen Gold borgen will. Der Indier vertritt die Anschauung von der Seelenwanderung, welche Ansicht der Egypter zurückweist; „denn," sagt er, „wir beten einen Ochsen an, doch hindert uns dies nicht, ihn zu verzehren."
Der Chaldäer hält den Fisch Oannès für das vorzüglichste Wesen, er hätte einen goldigen Schwanz besessen und ein schönes menschliches Haupt, drei Stunden täglich sei er aufs trockene Land gekommen, um zu predigen. In dieser Weise streiten sich die Gegner noch eine Weile fort, bis sich endlich Zadig ins Mittel schlägt und ihnen erklärt, sie glaubten alle das Nämliche, denn sie verehrten in dem Ochsen, dem Fisch und dem Eichbaum doch nur das göttliche Wesen welches alle diese Dinge geschaffen. — Ueber sonstige Darstellungen vergl. Dunlop, p. 221a.

Le Rendez-vous.[1]) (chap. XIII.)

Eine bekannte Erzählung, die sich sowohl in „Tausend und eine Nacht," als auch in „Tausend und ein Tag" mehrmals vorfindet. Voltaire mag aus dem Gedächtniss die verschiedenen Erzählungen zu einer einzigen verschmolzen haben. Beide

---

gaben der Werke des Autors 1818 in 3 vol. in 8⁰ und 1824 in 5 vol. in 8⁰ erschienen sind.
[1]) Moland t. XXI. pag. 64.

Werke beanspruchen übrigens die Ehre, Voltaire als Quelle gedient zu haben. Der Grundgedanke aller dieser Erzählungen ist der, die Klugheit der Frauen zu verherrlichen und die List, mit welcher sie aus ihrer Schönheit Kapital zu schlagen wissen. Eine Gegenüberstellung der einzelnen Erzählungen wird ihr Verhältniss zu Voltaire's Rendez-vous völlig klar stellen. Die hier in Frage kommenden Erzählungen sind:

„Tausend und ein Tag," Tag 52 und 158,
„Tausend und eine Nacht," Nacht 193—94.

Die beiden anderen Erzählungen, Nr. 463 bis 464 und Nr. 496, welche den nämlichen Stoff behandeln, kommen hier nicht weiter in Betracht, da sie erst von Jonathan Scott eingeführt worden sind.

Inhalt bei Voltaire:

Zadig hatte die junge Wittwe Almona vom Scheiterhaufen errettet, dafür hatten ihn die Priester der Ketzerei angeklagt und zum Tode verurtheilt. Almona beschliesst ihn zu retten. Sie kleidet sich aufs zierlichste und begiebt sich zum Oberpriester. Dort stellt sie sich, als ob sie tiefe Reue empfände, weil sie, den Gebräuchen des Landes entgegen, sich nicht mit der Leiche ihres Gatten verbrannt habe, „denn," sagt sie, „wie vergänglich ist das Fleisch, was ist mir von meiner Schönheit geblieben!" Dabei entblösst sie ihre schönen weissen Arme und ihren herrlichen Busen Als nun der Priester, ein alter Graukopf, von ihrer Schönheit hingerissen, ihr eine Liebeserklärung macht, fordert sie die Begnadigung Zadig's. Der Oberpriester würde sie gerne geben, aber sie bedarf der Unterschrift noch dreier Kollegen Dennoch erhält Almona seine Unterschrift durch das Versprechen, sich ihm hinzugeben. Sie ertheilt ihm ein Rendez-vous zur Aufgangszeit des Sternes Sheat. In gleicher Weise verfährt sie bei den drei anderen Alten, die gleichfalls in die Falle gehen. Jeden bestellt sie um eine Stunde später als seinen Vorgänger. Am Abend lässt sie die Richter kommen- zeigt ihnen das Blatt mit den vier Unterschriften und erzählt, um welchen Preis sie dieselben erhalten. Die Priester erscheinen einer nach dem andern und sind sehr erstaunt ihre Kollegen und die Richter zu finden.

Die erste von mir angeführte Erzählung¹) hat nur insofern Bezug auf Voltaire, als sich in derselben eine ganz ähnliche Beschreibung findet, wie eine Frau einen betrügerischen Kadi so verblendet, dass er sich zu einem thörichten Unternehmen hinreissen lässt.²) Dasselbe gilt von der dritten Erzählung in „Tausend und eine Nacht,"³) wo ein junger Kaufmann für seine Prahlerei bestraft werden soll, was denn auch trefflich gelingt. Die meiste Aehnlichhkeit mit Voltaire's Rendez-vous besitzt jedoch die Erzählung von der schönen Aruja,⁴) weil in beiden die Motive für die Handlungsweise der Frau die gleichen sind.

Hier wie dort handelt es sich darum, einen geliebten Mann zu retten, hier wie dort zeigen sich diejenigen, in deren Hand die Rettung liegt, nur dann bereit, zu helfen, wenn die Frau sich ihren Begierden preisgiebt. Bei Voltaire hat Almona von vornherein mit diesem Faktor gerechnet, Aruja greift erst gezwungen zur List, führt sie jedoch mit ebensoviel Geschick wie Almona durch.

Inhalt: Banu, ein wohlhabender Mann, hat sich durch zu verschwenderisches Leben und durch zu grosse Frei-

---

¹) Petit de la Croix, Mille et un jour. Contes persans, Paris, 1710—12. t. II. pag. 120 suiv. Jour 52.
²) „Tausend und einen Tag." Persische Erzählungen, übersetzt von Petit de la Croix, deutsch von J. S. G. S. Leipzig. 1788, Weidmanns Erben, Band I. pag. 392. Tag 52. Der deutsche Uebersetzer fügt hier bei: Viele werden sich des Gebrauchs erinnern welchen Voltaire in seinem Zadig von dieser Erzählung gemacht hat, ohne jedoch die Quelle zu nennen, woraus er sie schöpfte, da er wusste, dass sie bekannt genug war. Man muss indess gestehen, dass sie durch seine Manier zu erzählen, viel gewonnen hat. — Man kann sich dieser Ansicht nur anschliessen.
³) „Tausend und eine Nacht." Deutsch von M. Habicht, Fr. H. von der Hagen und C. Schall. Breslau, 1836. t. IV. pag. 110, N. 193. Frauenlist. t. XIII. pag. 312. Steht auch in 1001 Tag und ist der Stoff zu einer Oper, le Cadi dupé par Lemonier, welche im Jahre 1761 vorgestellt worden. Voltaire hat hieraus die Beschreibung entnommen, welche die indische Wittwe von ihren Reizen macht.
⁴) Petit de la Croix, Contes persans, Paris 1710—12. t. IV. p. 141 f. Tag 158. Histoire de la belle Aronya.

gebigkeit ruinirt. Seine Schuldner können entweder die ihnen vorgestreckten Summen nicht bezahlen, oder sie wollen nicht. Eines Tages erinnert sich Banu, dass ihm der Doktor Danischmende 1000 Zechinen schuldet, und bittet Aruja, seine schöne junge Frau, hinzugehen und das Geld zurückzufordern. Danischmende ist von der Schönheit der Frau entzückt und bietet ihr 2000 Zechinen, wenn sie sich seinen unerlaubten Wünschen fügt. Entrüstet weist Aruja seine Anträge zurück und begiebt sich zum Kadi, um sich Recht zu verschaffen. Der Kadi aber ist nicht besser wie der Doktor, und nun begiebt sich Aruja zum Gouverneur, um von ihm Schutz und Hülfe zu erflehen. Doch auch der Gouverneuer, ein alter Wüstling, will ihr nur unter der Bedingung helfen, dass sie sich ihm hingiebt. Weinend kehrt die Frau nach Hause zurück, doch beschliesst sie sich zu rächen und sich Recht zu verschaffen. Zu diesem Ende kauft sie drei grosse Koffer, dann schmückt sie sich aufs beste.

„Elle s'habilla de ses plus riches habits, se para de toutes les pierreries que la mauvaise fortune ne l'avait pas encore réduite à vendre pour subsister, et elle n'oublia pas les parfums.

So kommt sie nochmals zu Danischmende und zeigt sich seinen Wünschen geneigt. Zum Rendez-vous bestimmt sie ihm die zehnte Abendstunde. Dasselbe thut sie beim Kadi und beim Gouverneur und bestellt jenen auf elf Uhr, diesen auf Mitternacht zu sich. Die drei Liebhaber erscheinen auch pünktlich, aber jeder verscheucht den anderen, und jeder versteckt sich in einen der drei Koffer. Der Gouverneur wird durch den scheinbar kommenden Kadi verscheucht. Am andern Morgen begiebt sich die Dame zum Sultan und erzählt ihm die Begebenheit, und als derselbe Beweise verlangt, lässt sie die Koffer herbeischaffen, aus denen die geprellten Liebhaber zu ihrer Schande vor allem Volke heraussteigen.

Dunlop[1]) bringt unsere Erzählung mit der Erzählung

---

[1]) Dunlop, Geschichte der Prosadichtungen, deutsch von F. Liebrecht. p. 246. Hier finden sich noch einige ähnliche Geschichten. Loiseleur Deslongchamps, Essai sur les fables indiennes, t. I. p. 139 und Anm. 2.

des Zeppa und Spinello (Decamerone des Boccaccio Tag VIII Nov. 8) in Verbindung, doch mit Unrecht, denn dort ist die Situation eine von der unseren ganz verschiedene; die Frauen dort zeichnen sich keineswegs durch Klugheit aus, und ist dieser Vergleich zu verwerfen.

La danse.[1]) (chap. XIV.)

Auch die Grundidee dieses Capitels ist nicht von Voltaire selbst erfunden, sondern von ihm aus einem anderen Werke entnommen worden.

In Gulliver's Reisen befindet sich eine ähnliche Situation. Hier wie dort sollen Aemter an den besten Tänzer verliehen werden; während aber bei Swift das Tanzen und vornehmlich das Seiltanzen die ärgste Kriecherei und Speichelleckerei vorstellen soll und so in schärfster Weise einerseits die Amtserschleichung gegeisselt wird, andererseits aber die Thorheit der Fürsten, welche durch diejenigen die Aemter am besten verwaltet glauben, die die tiefsten Bücklinge machen, so dient im Gegentheil bei Voltaire der Tanz dazu, um Betrüger zu entlarven und den Ehrlichen an seinen wohlverdienten Platz zu stellen. Bei Swift finden wir nur erbarmungslose Satiren, bei Voltaire leichten Humor. Während Swift, seines eigenen Schicksales eingedenk, in der Welt nur Betrüger und Diebe, Schleicher und Heuchler sieht, unter deren Schlichen der Ehrliche zu Grunde gehen muss, hat Voltaire eine weit weniger harte Ansicht von der Welt, seinen Stoff aber hat er nur zum Besseren verändert, wenn auch bei ihm nicht so sehr die politische Satire hervortritt.

Inhalt bei Voltaire:

Zadig wird von seinem Herrn in Handelsangelegenheiten nach der Insel Serendip gesandt, wo er rasch die Gunst des Fürsten erringt. Der Fürst hatte nun das Unglück, von

---

[1]) Moland t. XXI. p. 66.

seinen Schatzmeistern stets bestohlen zu werden, und klagt seine Noth Zadig. Dieser schlägt das folgende Mittel vor: Il n'y a qu'à faire danser tous ceux qui se présenteront pour la dignité du trésorier, et celui qui dansera avec le plus de légèreté sera infailliblement le plus honnête homme.

Der König ist nun zwar etwas erstaunt, willigt jedoch ein, durch Zadig den Versuch machen zu lassen. Die Prätendenten werden einzeln hereingeführt, sie haben jedoch ein Vorzimmer zu passiren, in welchem der König seine Schätze ausgebreitet hat. Als nun alle vierundsechzig bei einander sind, werden sie zum Tanzen aufgefordert, und da erweist es sich, dass dreiundsechzig unterwegs ihre Taschen mit den königlichen Schätzen so angefüllt haben, dass sie sich kaum zu bewegen vermögen.

Bei Swift ist die Sache nicht so harmlos; es heisst da:[1])

„The emperor had a mind one day to entertain me with several of the country shows, wherein they exceeded all nations I have known, both for dexterity and magnificence. I was diverted with none so much as that of the rope-dancers, performed upon a slender white thread, extended about two feet, and twelve inches from the ground; upon which I shall desire liberty, with the reader's patience, to enlarge a little.

This diversion is only practised by those persons, who are candidates for gread employments, and high favour at court. They are trained in this art from their youth, and are not always of noble birth, or liberal education. When a great office is vacant, either, by death or disgrace ¦(which often happens), five or six of those candidates petition the emperor to entertain his majesty and the court with a dance on te rope; and whoever jumps the highest, without falling, succeeds in the office. Very often the chief ministers themselves are commanded to show their skil, and to convince the emperor that they have not lost their faculty. Flimnap,

---

[1]) Swift, Gullivers travels. Part. I. A voyage to Lilliput, chaptre 3.

the treasurer, is allowed to cut a caper on the straight rope, at least an inch higher than any other lord in the whole empire. I have seen him do the summerset several times together, upon a trencher fixed on a rope which is no thicker than a common packthread in England. My friend Redresal, principal secretarp for private affairs, is, in my opinion, if I am not partial, the second after the treasurer; the rest of the great officers are much upon a par.

These diversions are often attended with fatal accidents, whereof great numbers are on record. I myself have seen two or three candidates break a limb. But the danger is much greater, when the ministers themselves are commanded to show their dexterity! for, by contending to excel themselves and their fellows; they strain so far that there is hardly one of them who has not received a fall, and some of them two or three. I was assured that, a year or two before my arrival, Flimnap would infallibly have broke his neck, if one of the king's cushions, that accidentally lay on the ground, had not weakened the force of his fall."

Wenn nun auch, wie schon gesagt, bei Voltaire und Swift ganz verschiedene Absichten vorliegen, so erscheint mir doch die äussere Aehnlichkeit zu gross, als dass man nicht annehmen dürfte, Voltaire sei von Swift beeinflusst worden.

Die Capitel XV—XX bieten wenig Interessantes. Zadig beweist noch weiter seine Klugheit, indem er den König von der Untreue seiner Frauen überzeugt, ein Stoff, welchen Voltaire mit Vorliebe behandelt; denn in diesem Roman allein wiederholt er sich viermal. (chap. I, II, XV und XVII). Nur eine Frau vermag der Versuchung Stand zu halten, und diese erhebt der König zu seiner Gemahlin. Da aber Falide blaue Augen hatte, so erhob sich grosse Unzufriedenheit im Lande, denn es gab ein altes Gesetz, welches dem König verbot eine Frau mit blauen Augen zu lieben. Der oberste der Bonzen hatte dieses Gesetz (p. 79) vor mehr als fünftausend Jahren aufgestellt, um sich nämlich die Geliebte des ersten Königs von Sarendip anzueignen. Es erhebt sich überall Unzufriedenheit; zwar bringt Zadig einen Krieg, in welchen

der König verwickelt wird, noch glücklich zu Ende, aber er
fühlt sich nicht mehr sicher auf Sarendip und begiebt sich
auf die Wanderschaft, um Astarté zu suchen.

Voltaire spielt hier auf die Uebergriffe an, welche sich
die Kirche in Bezug auf die Ehe[1]) erlaubte. Im Ingénu
(Moland XXI. p. 262) findet man eine ähnliche Situation.
L'Ingénu will seine Pathe, die schöne Saint-Ivès heirathen,
dies wird ihm als eine schreckliche Sünde ausgelegt. „Cela
est impossible, vous dis-je, elle est votre marraine : c'est un
péché épouvautable à une marraine de serrer la main de son
filleul; il n'est pas permis d'épouser sa marraine; les lois
divines et humaines s'y opposent. Zum Glück findet man
einen Ausweg. Mon cher frère, dit-elle (Mlle de Kerkabon),
il ne faut pas que notre neveu se damne; notre saint-père,
le pape peut lui donner dispense, et alors il pourra être
chrétiennement heureux avec ce qu'il aime.

Le brigand (chap. XVI) geisselt die schlechte Verwal-
tung der Provinzen ganz im Allgemeinen und kann oder
konnte auf jeden Staat angewandt werden.

Zadig wird nämlich von Räubern gefangen genommen.
Der Herr des Schlosses, heisst es, war einer der Araber,

---

[1]) cfr. Prix de la justice et de l'humanité. Article XIV. De l'inceste, Moland t. XXX. p. 567. On prétend aujourd'hui, parmi quelqes
nations de l'Europe, qu'il n'est pas permis à un homme veuf d'épouser
une parente de sa femme au quatrième degré, et qu'une veuve serait
coupable de la même transgression si l'un et l'autre n'achetaient pas une
dispense du pape. Il y a chez ces mêmes nations un autre inceste
qu'on appelle spirituel. C'est une espèce de sacrilége dans un homme
d'église de coucher avec une fille qu'il a baptisée, ou confirmée, ou
confessée. Vergl. auch: Dictionnaire philosophique. Article inceste.
Moland t. XIX. p. 452. C'est bien pis quand vous aurez affaire avec
votre commère ou avec votre marraine; c'était un crime irrémissible
par les Capitulaires de Charlemagne. Cela s'appelle un inceste spirituel. —

Une Andovère, qu'on appelle reine de France parce qu'elle était
femme d'un Chilpéric, régule de Soissons, fut vilipendée par la justice
ecclésiastique, censurée, dégradée, divorcée, pour avoir tenu son propre
enfant sur les fonts baptismaux, et s'être faite ainsi la commère de son
propre mari. Ce fut un péché mortel, un sacrilége, un inceste spirituel:
elle en perdit son lit et sa couronne.

welche man Diebe nennt. Zuweilen beging er eine gute
Handlung neben einer Menge schlechten, er stahl mit unersättlicher Gier und gab grossmüthig; er war kühn bei der
That, aber geschmeidig im Verkehr. Nach und nach hatte
er ein Vermögen zusammengestohlen, er wurde ein grosser
Herr unter den Räubern und bestach den Satrapen, der ihn
bestrafen wollte. Er war schon zu reich, um irgend etwas
zu fürchten; schliesslich wurde er oberster Steuereinnehmer
einer Provinz und zog zwar die Steuern gewissenhaft ein,
behielt sie jedoch für sich; der König vermag nichts gegen
ihn auszurichten, denn die ausgesandten Beamten machen mit
ihm gemeinsame Sache. Es werden hier Zustände geschildert,
wie sie zur Zeit des Feudalwesens ganz allgemein waren,
wo der Adel der Krone ungestraft entgegentreten konnte
und ihre Ohnmacht noch obendrein verspottete. Zadig erfährt hier den Tod Moabdars zugleich mit der Nachricht,
dass man nicht wisse, was aus der Königin geworden.

Le pêcheur (chap. XVII) ist überflüssig, denn es bringt
uns auch nicht um einen Schritt in der Erzählung vorwärts;
interessant höchstens wäre, dass Voltaire hier nochmals eine
Schilderung weiblichen Leichtsinns giebt. Zadig trifft einen
Fischer, der ihm sein Unglück klagt. Ehemals ein wohlhabender Käsefabrikant, war er durch die Flucht Zadigs
und der Königin um eine bedeutende Summe für gelieferte
Käse gekommen. In Begleitung seiner Frau begiebt er sich
zu einem seiner Kunden, um dessen Beistand anzuflehen.
Orcan behält die Frau zurück und jagt den Mann aus seinem
Hause. Dieser schreibt einen flehenden Brief an seine Frau,
sie aber sagt zum Ueberbringer: „Ach, ich kenne den Mann,
der mir schreibt, ich habe von ihm gehört, man sagt, dass
er ausgezeichnete Sahnenkäse macht, man möge mir welche
bringen und sie bezahlen." Bei Gericht kann er gleichfalls
nicht zu seinem Rechte kommen, vielmehr verliert er den
Rest seiner Habe. Zadig tröstet ihn und sendet ihn
nach Babylon, wo er sein Geld erhalten würde. Voltaire
scheint dieses Kapitel nur eingefügt zu haben, um den
Unterschied zwischen materiellen und seelischen Leiden zu
zeigen; der Fischer ist nur wegen des Verlustes von Geld

und Gut unglücklich; Zadig theilt mit ihm den Inhalt seiner Börse, und sogleich ist er getröstet. Zadig erkundigt sich weinend nach Astarté. „Wie," rief der Fischer, „du wärest unglücklicher als ich, trotzdem du Wohlthaten vollbringst?" „Viel unglücklicher, hundertmal unglücklicher als du. Dein grösstes Unglück war die Noth, mein Unglück aber wurzelt im Herzen."

Zadig kommt nun (Le basilic, chap. XVIII) in eine schöne Gegend, wo er eine Anzahl Frauen findet, die eifrig etwas suchen. Auf Befragen erfährt er, dass sie einen Basilisken suchen. Ihr kranker Herr nämlich soll einen in Rosenwasser gekochten Basilisken essen und hat versprochen, diejenige zu seiner Frau zu machen, welche ein solches Thier findet. Zadig sieht eine Dame, welche nicht mit sucht, und erkennt in ihr seine geliebte Astarté. Das Wiedersehen und die freudige Bestürzung und Verwirrung der Liebenden wird sehr gut beschrieben. Beide erzählen sich ihre Erlebnisse. Die Königin war von Cador in einen Tempel gebracht worden, wo sie in einer grossen Statue verborgen ward. Die ausgesandten Häscher ergreifen an den Grenzen Egyptens die schöne Missouf. Moabdar findet Gefallen an ihr und heirathet sie. Nun zeigte sie ihren wahren Charakter und überliess sich den tollsten Einfällen. Moabdar wird durch sie zum Tyrannen. Eines Tages kommt er in den Tempel, in welchem Astarté verborgen ist, und erfleht die Gunst der Götter für Missouf. Astarté antwortet aus der Statue: „Die Götter versagen die Wünsche eines Königs, der ein Tyrann geworden, der eine vernünftige Frau hat vergiften wollen, um eine unvernünftige zu heirathen!" Der König erschrickt hierüber so sehr, dass er wahnsinnig wird. Eine Revolution entsteht, ein fremder Fürst erobert das Reich, Astarté fällt in seine Gewalt, Missouf jedoch verschafft ihr aus Eigennutz die Mittel zur Flucht. Ein berühmter Räuber raubt sie und verkauft sie an Ogul. Da die Frauen nichts gefunden hatten, so begab sich Zadig zu Ogul und sagte ihm, er habe auf das Gerücht seiner Krankheit hin ihm einen in Rosenwasser gekochten Basilisken mitgebracht: „Zwar liegt es nicht in meinem Sinne, dich zu heirathen," sprach er, „ich verlange nur die Freiheit einer Sklavin, die du seit einigen Tagen gekauft hast, und ich erkläre mich bereit, an ihrer Stelle in der Sklaverei zu bleiben, wenn es mir nicht gelingt den ausgezeichneten Herrn Ogul zu heilen." Der Vorschlag ward angenommen, und Astarté reiste nach Babylon. Zadig sprach zu Ogul: „Man isst meinen Basilisken nicht, seine Kraft muss durch die Poren in den Körper dringen. Ich habe ihn in einen kleinen Schlauch eingeschlossen. Der Schlauch ist stark aufgeblasen, und nun musst du mir den Schlauch mit aller Kraft zuwerfen, und ich werfe ihn zurück, und so müssen wir dies eine Weile fortsetzen." Am ersten Tage war Ogul todtmüde, am zweiten ging es etwas besser, und nach acht Tagen war er geheilt.

Diese Erzählung ist aus 1001 Nacht entnommen, und zwar aus der „Geschichte des griechischen Königs und des Arztes Duban."[1]) Hier ist ein König vom Aussatz befallen, seine Aerzte erproben vergeblich ihre Kunst, Duban aber verpflichtet sich, den König ohne Tränke und ohne Umschläge zu heilen. Hierauf machte der Arzt eine Kolbe zum Kugelspiel, deren Handgriff er aushöhlte und den Saft hineinthat, dessen er sich bedienen wollte. Dann machte er noch eine Kugel und begab sich am andern Morgen zum König. „Spielet mit dieser Kolbe, bis ihr eure Hand und euren Leib im Schweisse fühlt. Wenn das Heilmittel, welches ich in den Handgriff dieser Kolbe eingeschlossen habe, durch eure Hand erwärmt wird, so durchdringt es euren ganzen Leib, und wenn ihr schwitzt, hört mit spielen auf, dann hat das Mittel gewirkt. etc." Voltaire hat diese Geschichte nur etwas modernisirt, indem er nämlich die Idee, welche der arabischen Erzählung zu Grunde liegt, Zadig wirklich aussprechen lässt. „Es giebt keinen Basilisken in der Natur." sagt er, „bei Mässigkeit und Leibesübung befindet man sich stets wohl, und die Kunst, bei Unmässigkeit die Gesundheit zu erhalten, ist eine ebenso eingebildete chimärische Kunst,

---

[1]) Tausend und eine Nacht, Nacht 12. Ed. Habicht, von d. Hagen und Schall, Breslau, 1836. t. I. p. 73. Vergl. ebdas. Bd. XIII. 306. VIII.

wie der Stein der Weisen, die Sterndeuterkunst und die
Theology der Magier.

Les combats (chap. XX.)

Mehrere Autoren schon, wie La Harpe,[1]) Dunlop,[2]) haben
über die Quelle zu diesem Capitel Aufschluss gegeben, noch
keiner aber ist näher auf einen Vergleich eingegangen. Auch
hier kann man das Bestreben Voltaires wahrnehmen, seine
Stoffe möglichst ins Komische zu ziehen. Der Ernst der
Situation muss dem Scherz Platz machen, und selbst dann,
wenn einer seiner Helden eine unredliche That begeht, so
wird seine Bosheit durch irgend eine lächerliche Eigenschaft
kompensirt, und man vermuthet sogleich, dass es eben diese
Eigenschaft ist, um deretwillen er den Preis seiner Bosheit
wieder verlieren wird.

Voltaire hat sich ziemlich eng an seine Quelle angeschlossen, und zwar hat er dieses Kapitel aus dem Rasenden
Roland des Ariost geschöpft: c. 15, 101—105; 17, 17 bis 24,
69—73, 80—135.

Inhalt: Der junge Griphon, Bruder des Aquilant, liebt
die schöne Origille. Krank hatte er sie zurückgelassen; da
hört er, dass sie in Antiochien neue Liebesbande geknüpft
hat, und voll Schmerz begiebt er sich dorthin. Am sechsten
Tage langt er dort an und trifft Origille mit ihrem neuen
Liebhaber, dem feigen Martan. Durch Schmeichelkünste weiss
sie Griphon so zu bethören, dass dieser glaubt, sie sei ihm
noch in alter Liebe zugethan. Martan giebt sie für ihren
Bruder aus. In Damaskus findet gerade ein grosses Hoffest
nebst einem Turnier statt. Von einem Ritter werden sie
freundlich aufgenommen, und dieser ladet sie ein, an den

---

[1]) La Harpe, Lycée ou cours de littérature. ed. 1825. t. XVI p. 299.
cfr. hierzu Moland t XXI p. III. note 1. Ed. 1817. t. XIII. pag. 361.

[2]) J. Dunlop, Geschichte der Prosadichtungen. deutsch von F.
Liebrecht, Berlin. 1851. pag. 401.

Kampfspielen theilzunehmen. Griphon waffnet sich sogleich mit seiner wunderbaren Rüstung, welche die weisse Fee gefeit hatte. Voll Furcht gesellt sich ihm Martan bei. Acht Jünglinge hatten sich zusammengethan, die mit jedem kämpften, der sich mit ihnen messen wollte. Martan reitet in die Schranken, doch jagt ihm der beklagenswerthe Anblick eines besiegten Ritters einen solchen Schrecken ein, dass er sein Ross wendet und feige entflieht. Griphon, um die Schmach seines Gefährten, die ja auch ihn selbst trifft, einigermassen wegzuwaschen, thut Wunder der Tapferkeit und besiegt alle acht Gegner. Doch voller Unmuth reitet Griphon in sein Quartier zurück, und alle drei verlassen die Stadt.

Beim ersten Gasthaus macht Griphon Halt und begiebt sich, da er sehr ermüdet ist, sogleich zur Ruhe. Martan, der Feige, benutzt diese Zeit, stiehlt die Rüstung des Griphon, besteigt dessen milchweisses Ross und begiebt sich so zum König, um die köstliche Rüstung, den ausgesetzten Preis, in Empfang zu nehmen. Mit grossen Ehren wird er aufgenommen, und als später Griphon in seiner Rüstung erscheint, um sich zu rächen, bereitet er ihm einen sehr üblen Empfang; hierauf entflieht er. Durch ein schauderhaftes Gemetzel zeigt dann Griphon, dass er der tapfere Held sei, für den sich der andere ausgegeben.

Viel heiterer entwickeln sich die Sachen bei Voltaire. Astarté war nach Babylon zurückgekehrt und mit grossen Ehren aufgenommen worden. Die Babylonier beschlossen, als König und Gemahl der Astarté den tapfersten und weisesten Mann zu wählen. Zu diesem Zwecke wurde zunächst ein grosses Turnier abgehalten. Astarté verehrt Zadig eine herrliche weisse Rüstung. Der erste, der in die Schranken ritt, war Itobad, ein reicher, eitler, zaghafter, ungeschickter und geistloser Mann. Während wir bei Ariost einen feigen Betrüger vor uns sehen, ist die Erscheinung des Itobad eine possenhafte, und wenn er auch späterhin die Rüstung Zadigs stiehlt, so haben wir doch die feste Ueberzeugung, dass ihm seine Eitelkeit und Dummheit bei der Klugheitsprobe irgend einen schlimmen Streich spielen wird; für Zadig ist man unbesorgt. Aeusserst belustigend wirkt auch der Kampf, welcher sich nunmehr entspinnt. Während Martan beim blossen Anblick eines gefallenen Ritters die Flucht ergreift, versucht Itobad wenigstens den Kampf, freilich zu seinem Schaden und der Zuschauer Ergötzen. Schon an der Art, wie er sein Pferd lenkte, mochte man erkennen, dass er es nicht sei, für den der Himmel das Scepter Babylons bewahrt hatte. Höchst ergötzlich klingt auch sein stehendes Wort: Un homme comme moi, das er zu jeder Zeit und Unzeit anwendet. Gleich der erste Ritter hob ihn aus dem Sattel, der zweite warf ihn auf die Kruppe des Pferdes, so dass er Arme und Beine gen Himmel streckte; zwar setzte er sich wieder zurecht, aber so ungeschickt, dass alle Zuschauer lachten. Der dritte griff ihn gar nicht mit der Lanze an, sondern erfasste ihn bei einem Scheinangriff am rechten Bein und warf ihn im Bogen auf den Sand. Der vierte warf ihn schliesslich von der andern Seite vom Pferde, so dass Itobad, vom Hohngelächter der Menge begleitet, die Schranken verlässt. „Quelle aventure pour un homme comme moi," sagt er noch beim Hinausreiten zu sich. Der Schluss des Capitels ist wie bei Ariost. Zadig besiegt alle Gegner, der Kampf wird in lebhaften Farben geschildert. Während der Nacht entwendet Itobad die weisse Rüstung Zadigs und lässt seine grüne dafür zurück; am Morgen meldet er sich als Sieger. Zwar hatte man dies nicht erwartet, aber er wurde ausgerufen, während Zadig noch schlief. Dieser wird bei seinem Erscheinen, da man ihn für den grünen Ritter hält, durch den Pöbel verhöhnt und muss sich mit dem Säbel Bahn brechen.

Nun ergreift ihn Verzweiflung, denn er glaubt, dass er dazu bestimmt sei, unglücklich zu sein; und während er früher nur als Philosoph sein Schicksal betrachtete und sich gewissermassen noch über dem Schicksal erhaben oder ihm mindestens gewachsen fühlte, so bricht jetzt seine Kraft unter diesem letzten furchtbaren Schlage zusammen, seine Philosophie hat keine Trostgründe mehr, und Zadig murrt gegen die Vorsehung, die die Guten, Rechtschaffenen unterdrückt und die Betrüger beschützt. Die grüne Rüstung vertauscht er gegen ein Pilgergewand und zieht am Ufer des

Euphrat dahin und klagt den Himmel an, der ihn immer zu verfolgen scheint. Der Himmel aber rechtfertigt sich und sendet einen seiner Engel, um ihm die wunderbaren Wege der Vorsehung zu zeigen und ihn zu lehren, dass wenngleich oft der Mensch verständnisslos vor einem Ereigniss steht, Gott doch immer gerecht seine Bahnen verfolgt, obwohl der menschliche Verstand die Wege der Vorsehung nimmer zu fassen vermag und ihm erst dann, wenn alles zum Besten geendet, die Allmacht, Weisheit und Güte Gottes geoffenbart wird. Es folgt nun das berühmte Capitel „der Eremit."

L'Ermite. (chap. XX.)[1])

Gaston Paris[2]) schätzt dieses Capitel vor allen andern, und wie er Zadig für den schönsten Roman Voltaires erklärt, so hält er das Capitel „der Eremit" für das beste im ganzen Romane.

„Les aventures de Zadig et de son compagnon de route, schreibt er weiter, charmaient les lecteurs depuis près de vingt ans quand Fréron s'avisa qu'elles n'étaient pas de l'invention de Voltaire et l'accusa tout net de plagiat. S'il avait été plus érudit, il aurait pu étendre ce reproche au roman tout entier. Chacune des histoirettes dont il se compose avait été racontée en bien des langues, surtout orientales, avant de l'être dans ce français si alerte et si vif qui leur donne encore aujord'hui le vernis apparent de la nouveauté."

Das Année littéraire[3]) hatte sich sehr scharf gegen Voltaire ausgesprochen, es schreibt:

---

[1]) Moland t. XXI. pag. 86.
[2]) Gaston Paris, L'ango et l'ermite, étude sur une légende religieuse. Académie des Inscriptions et Belles Lettres. Année 1880. pag. 427.
[3]) Année littéraire 1767. t. I. pag. 30. Lettre II. Plagiat de M. de Voltaire.

„Vous connaissez, Monsieur, le joli roman de Zadig, le chapitre de l'ermite surtout est un de ceux qui vous a le plus frappé pour le mérite de l'invention. Eh bien, ce chapitre charmant, qui dans notre esprit, faisait tant d'honneur à M. de Voltaire, est tiré presque mot pour mot d'un original que ce grand copiste s'est bien gardé de faire connaître. En parcourant ces jours derniers les bons livres anglais que Prault le jeune libraire, Quai de Conti a fait venir de Londres, je trouvai un petit volume intitulé: The Works in Verse and Prose of Dr. Thomas Parnell, Late Arch Deacon of Clogher; c'est à dire, Œuvres en vers et en prose du docteur Thomas Parnell (mort il y a cinquante ans) archi diacre de Clogher. Dans ce volume est une pièce d'environ 150 vers (dies ist ein Irrthum, das Gedicht umfasst 249 Verse) qui a pour titre: The Hermite, c'est la source précieuse, mais cachée où le géni créateur de M. de Voltaire a puisé."

Es ist ein harter Vorwurf, den Fréron hier ausspricht, aber er ist unberechtigt, denn wenn auch Voltaire Parnell benutzt hat, und hierin stimmen alle Beurtheiler überein, so hat er doch nur Einzelnes entnommen, anders geändert, vielleicht nach anderen Quellen, vielleicht auch neu erfunden; die Situation im allgemeinen ist aber bei Voltaire bei weitem künstlerischer und den Umständen viel mehr entsprechend als bei Parnell. Man begreift sehr wohl, dass ein Mann, den das Schicksal förmlich zu verfolgen scheint, gegen die Vorsehung murrt, man versteht die Verzweiflung, welche Zadig ergreifen muss, wenn er nach so vielen Leiden und Gefahren endlich am Ziel seiner Wünsche stehend, auf die unwürdigste Weise von demselben, und wie er glauben muss, für immer zurückgestossen wird; aber wesshalb Parnells Eremit seine Klause verlässt, in der er von Jugend auf gelebt und wo es ihm an nichts gebricht und er einen gottgefälligen Lebenswandel führt, das kann man nicht ohne weiteres verstehen. Sündhafte Zweifel an der Gerechtigkeit Gottes sind in ihm aufgestiegen, und um sich mit eigenen Augen vom Laufe der Welt und von Gottes Regierung zu überzeugen, zieht er aus. Die erste Aenderung der Thatsachen ist die, dass Zadig einen Greis trifft, während sich ein Jüngling zu dem Eremiten gesellt. Hier wie dort sind nun die nächsten Ereignisse dieselben. Zadig gelangt mit seinem göttlichen Begleiter zu einem vornehmen Manne, der sie zwar gut bewirthet, aber sehr hochmüthig behandelt. Bei Voltaire dient das köstliche Becken als Waschgefäss, bei Parnell wird den Wanderern in einem reich verzierten Becher früh morgens Wein kredenzt. Der Führer stiehlt das Gefäss und schenkt es am nächsten Tage einem reichen Geizhals, der sie sehr unfreundlich empfangen und schlecht beherbergt hat. Es ist zu verwundern, wesshalb Voltaire diesen Zug nicht geändert hat, da es doch durchaus unwahrscheinlich ist, dass der Geizige durch ein werthvolles Geschenk gebessert werden soll, was doch der Zweck des Geschenkes ist. In älteren Versionen, in denen noch vornehmlich die christliche Idee in den Vordergrund tritt, erhält der Wucherer den Becher meist desshalb, weil Gott jede, auch die geringste Wohlthat vergilt: da aber der Geizige wegen seiner Bosheit im Himmel keinen Platz haben wird, so belohnt ihn Gott auf Erden.

In der nächsten Episode gehen die beiden Erzählungen auseinander. Bei Parnell kommen die beiden Wanderer zu einem wohlhabenden Mann, der sie aufs freundlichste aufnimmt. Wie bei Voltaire, ist das Gespräch auch hier ein philosophisches. Vers 144 und 145 heisst es bei Parnell:

„He spoke and bid the welcome table spread,
Then spoke of virtue till the time to bed."

Bei Voltaire ist nur der Gesprächsstoff etwas weiter ausgeführt. Am Morgen begiebt sich der Jüngling in die Nebenkammer, wo das einzige Söhnlein des wohlthätigen Mannes schläft, und erwürgt das Kind. Voltaire hat diese schauderhafte That weggelassen, wahrscheinlich auch desshalb, weil sie nicht zur Genüge motivirt war; denn der Jüngling hat desshalb das Kind getödtet, weil die Eltern über seinen Besitz so glücklich waren, dass sie Gott nicht mehr so eifrig dienen wie zuvor. Voltaire hingegen belohnt die Güte des Gastfreundes. Der Eremit steckt bei seinem Abschiede das Haus in Brand, weil, wie er später erklärt, ein Schatz in demselben vergraben liegt, den der Besitzer nun finden und dadurch noch glücklicher als zuvor leben wird.

Es tritt hier an uns die schwierige Frage heran, ob Voltaire diese Episode erfunden hat, oder ob er noch aus anderen Quellen ausser Parnell geschöpft hat. Es existiren ältere Versionen unsrer Erzählung, wo gleichfalls das Feuer eine Rolle spielt; eine Abtei wird in Asche gelegt, weil die Mönche ein zu schwelgerisches Leben [1]) führen, eine Darstellung aber, in welcher das Feuer einen Schatz zu Tage fördert, ist aus der Zeit vor Voltaire bis jetzt noch nicht bekannt, da die Untersuchung über die verschiedenen Versionen noch nicht beendet ist, und es mus daher die Frage, ob Voltaire noch eine andere Quelle gekannt, unbeantwortet bleiben. Gaston Paris [2]) sucht eine andere Lösung zu geben. Er findet eine vielleicht zufällige Uebereinstimmung zwischen unserer Darstellung mit der im Koran (XVIII. 64 — 81) gegebenen.

Nach Dunlop pag. 312 ist der Inhalt der folgende:

„Der erste Keim zu dieser allgemein beliebten und weitverbreiteten Geschichte findet sich, obgleich in einer sehr rohen und unvollkommenen Gestalt, in dem 18. Kapitel des Korans, welches betitelt ist: die Höhle. Dort wird nämlich erzählt, dass Moses, als er die Kinder Israel durch die Wüste führte, an dem Zusammenflusse zweier Seen den Propheten Al Chider antraf. Er redete ihn an und bat ihn, dass er ihn unterrichten möchte; worauf jener antwortete: „Fürwahr, du kannst gewiss nicht, geduldig ausharren bei mir, denn wie willst du diejenigen Dinge geduldig ertragen, deren Wissenschaft du nicht begreifen kannst?" Und Moses versetzte: „Du sollst mich geduldig finden, so Gott will; ich werde dir auch in keinem Stücke ungehorsam sein." Jener antwortete: „Wenn du mir nachfolgen willst, so frage mich um nichts eher, als bis ich dir die Bedeutung davon anzeige." So gingen sie beide fort, bis sie zu einem Schiffe

---

[1]) Gaston Paris, Académie des Inscriptions etc. Année 1880. p. 429. De l'ermite qui s'accompaigna à l'ange. Dunlop, Geschichte der Prosadichtungen., pag. 309 b.

[2]) Gaston Paris, Académie des Inscriptions pag. 447.

kamen, und in dieses machte er ein Loch. Da sprach Moses: „Wie hast du ein Loch darein gemacht, dass du das Schiffsvolk ersäufest? Du hast ein seltsam Ding gethan." Jener aber antwortete: „Hab' ich dir's nicht gesagt, dass du nicht geduldig bei mir ausharren könntest!" Und Moses sprach: „Sei doch nicht unwillig auf mich, dass ich's vergessen habe, und lege mir keine Schwierigkeit auf in dem, was mir befohlen worden." Da sie nun das Schiff verliessen, gingen sie fort, bis sie einen Jüngling antrafen. Denselben tötete jener. Worauf Moses sprach: „Hast du nun einen unschuldigen Menschen getödtet, ohne dass er jemand umgebracht hat? Da hast du eine ungerechte That begangen." Jener aber antwortete: „Hab' ich dir's nicht vorhergesagt, du würdest bei mir nicht geduldig aushalten?" Und Moses versetzte: „Wenn ich nach diesem dich um etwas befrage, so behalte mich nicht mehr in deiner Begleitung. Nun hast du von mir eine Entschuldigung vernommen." Hierauf gingen sie weiter fort, bis sie zu den Einwohnern einer grossen Stadt kamen. Von diesen Einwohnern forderten sie Speise, diese aber weigerten sich, sie zu beherbergen. Da fanden sie drinnen eine Mauer, die einfallen wollte, und er richtete sie auf. Moses aber sprach: „Wenn du gewollt, hättest du einen Lohn dafür bekommen." Er aber sprach: „Dieses soll nun die Scheidung sein zwischen dir und mir. Doch will ich dir zuvor die Bedeutung dessen anzeigen, was du von mir nicht geduldig und ohne Fragen ertragen konntest. Was das Schiff betrifft, so gehört es armen Leuten, die ihr Gewerbe auf dem Meere treiben. Ich wollte es aber unbrauchbar machen, weil ein König als Seeräuber hinter ihnen war.

Den Jüngling anlangend, so waren seine Eltern rechtgläubig; wir besorgen aber, er möchte sie verleiten, seine Irrthümer und seinen Unglauben zu ertragen oder anzunehmen, daher wir wünschten, dass ihr Herr ihnen einen besseren Sohn schenken möchte, der gerechter wäre und mehr gute Neigung gegen sie hätte. Was aber die Mauer angeht, so gehörte sie zweien jungen Waisen in der Stadt, und unter derselben lag ein Schatz verborgen, der ihnen gehörte, und weil ihr Vater fromm war, so gefiel es deinem

Herrn, dass sie zu ihrem völligen Alter kämen und selbst jenen Schatz hervorlangen könnten, durch die Barmherzigkeit deines Herrn. Also habe ich, was ich gethan, nicht nach meinem eigenen Willen gethan, und dies ist die Auslegung dessen, was du nicht mit Geduld ertragen konntest."

Gaston Paris hat namentlich den letzten Theil dieser Erzählung im Auge, nur richtet hier der Engel die Mauer auf, welche den Schatz verbirgt, während er bei Voltaire zerstört. Man ist wohl berechtigt, anzunehmen, dass Voltaire dieses Capitel des Korans gekannt hat. 1734 war die Uebersetzung des gelehrten Engländers Sale erschienen, welche Voltaire häufig citirt[1]) und sehr günstig beurtheilt. Ferner hat er in seinem Dictionnaire philosophique[2]) Auszüge aus dem Koran nach eben dieser Uebersetzung gegeben, und es wäre zu verwundern, wenn er nicht das ganze Werk gelesen hätte. Immer aber bleibt die Frage offen, ob Voltaire nicht doch eine andere Quelle benutzt hat ausser Parnell.

Bei Parnell zeigt nun ein Knecht den Verirrten den Weg; auf einer Brücke stösst ihn der Jüngling in die reissenden Fluthen des Stromes, weil, wie er dem entsetzten Einsiedler enthüllte, derselbe seinen Herrn in der folgenden Nacht berauben wollte. Nach dieser That giebt sich der Jüngling als ein Gesandter Gottes zu erkennen. Bei Voltaire erscheint das Urtheil gerechter; hier wird der Neffe einer mildthätigen Wittwe, die sie beherbergt hat, in den Strom gestürzt, weil er, wie der Eremit Zadig enthüllt, seine Tante in einem Jahre (nicht, wie Gaston Paris schreibt, in der folgenden Nacht) und Zadig in zwei Jahren ermordet haben würde. Sonst hat sich Voltaire ziemlich genau an seine Quelle gehalten. Der Knabe schreitet auf der Brücke voraus; ebenso wie bei Parnell, wird auch hier sein Sturz etwas genauer beschrieben; der Kopf taucht noch einmal aus dem Wasser empor. Bei Voltaire folgt nun noch ein längerer philosophischer Excurs. Der Engel gebietet Zadig nach Babylon zurückzukehren.

---

[1]) Moland XI. 204, note 1. XVII, 381, XXIV. 142, 556, XXX 417.
[2]) Moland XVII. pag. 98. Alcoran ou plutôt le Koran.

La Harpe[1]) führt an, dieses Capitel sei aus 1001 Tag entnommen; dies ist jedoch ein Irrthum. Ein anderer Fehler hat sich bei Desnoiresterres[2]) eingeschlichen, wenn er sagt, dass Thomas Parnell aus den Homilien des „Albert de Padoue" geschöpft habe.

Desnoiresterres stützt sich hierbei auf die Autorität Littré's, aber ich glaube, dass ein Missverständniss obwaltet. Littré schreibt:[3]) Il n'est personne qui en lisant le Zadig de Voltaire, ne soit frappé de l'épisode de l'ange qui, sous la forme d'un ermite se fait pendant quelque temps le compagnon de Zadig; puis, quand on rencontre ce récit dans l'Anglais Thomas Parnell, on retire à Voltaire cette notable conception; mais il ne faut pas s'arrêter là; elle se trouve dans les homélies d'Albert de Padoue, mort en 1313, et finalement, au de là dans l'un de nos fabliaux les plus remarquables."

Die Angaben bei Desnoiresterres sind ganz ungenau, ich führe sein sogenanntes Citat hier an: „Disons pue Voltaire, dans Zadig, n'y est que pour sa forme spirituelle et charmante. Le fond est emprunté à l'anglais Thomas Parnell, qui là emprunté aux homélies d'Albert de Padoue, mort en 1713 (nicht einmal die Jahreszahl ist richtig, doch könnte dies ein Druckfehler sein), lequel en a trouvé le germe dans nos fabliaux."

Littré, Étude sur les Barbares et le Moeyn âge (Paris, Didier, 1867; p. 392.) Es ist dies eine befremdliche Art des Citirens. Schon in der Einleitung habe ich darauf hingewiesen, dass Littré nur von dem Capitel „der Eremit" spricht, während Desnoiresterres diese Aeusserungen gleich auf den ganzen Roman bezieht.

Ich glaube nicht, dass Littré hiermit hat sagen wollen, dass Parnell aus den Homilien des Albert von Padua geschöpft

---

[1]) La Harpe, Lycée ou cours de littérature. Ed. 1817. t. XIII. p 361.

[2]) Desnoiresterres. Voltaire et la société française au XVIIIme siècle, t. III. p. 146, note 1. Voltaire a la cour.

[3]) E. Littré, Études sur les barbares et le moyen âge. 4. Ed. Paris 1883. p. 392.

hat, sondern er hat nur ganz im allgemeinen angeführt, dass der Stoff lange, bevor er in England bearbeitet wurde, in Frankreich bekannt war, wie denn das ganze Werk eine Verherrlichung der französischen Litteratur ist und zeigen soll, wie alle Völker des Abendlandes von derselben abhängig sind. Parnell hat übrigens die Gesta Romanorum[1]) benutzt, wo die Erzählung das 80. und in etwas anderer Fassung das 127. Capitel bildet. (Vergleiche auch Dunlop p. 200 b und p. 311 b.)

Die Ereignisse stimmen hier sämmtlich überein, nur ist die Reihenfolge eine etwas andere, nämlich wie folgt:
Bei Parnell folgen die Ereignisse:
I. Entwendung des Bechers;
II. Der Geizige erhält den Becher;
III. Das Kind des wohlthätigen Mannes wird erwürgt;
IV. Der Führer wird in den Strom gestürzt.

Bezeichnen wir die Ereignisse in den Gesta ihrer Reihenfolge nach, so ergiebt sich folgendes Bild:
1 = III; 2 = I; 3 = IV; 4 = II.

Zum Schluss sei noch bemerkt, dass es für Parnell viel näher lag, aus den Gesta Romanorum zu schöpfen, weil sie zu Ende des XVII. Jahrhunderts mehrmals in England veröffentlicht wurden. (cf. Th. Grässe, Gesta Romanorum.)

Les enigmes. (chap. XX.)

Beschämt folgte Zadig dem Gebote des Engels; er kommt gerade an dem Tage nach Babylon, an welchem der beste Kämpfer auch eine Probe seines Verstandes ablegen soll, an welchem die Räthsel gelöst werden sollen. Mit Ehren wird Zadig aufgenommen, und auf seine Versicherung hin, dass er ebenso wie ein anderer gefochten habe, dass aber ein

---

[1]) Gesta Romanorum, deutsch von Th. Grässe. Dresden, 1842.

anderer Kämpfer seine Rüstung trage, wird ihm gestattet, sich am Lösen der Räthsel zu betheiligen.

Itobad sagte, dass ein Mann, wie er, sich nicht auf Räthsel verstünde, und dass es ihm genüge, durch schweren Kampf als Sieger hervorgegangen zu sein. Zadig allein löst die Räthsel, als erstes: die Zeit, als zweites: das Leben, und dann andere, die nicht näher bezeichnet werden, über die Gerechtigkeit, über die Kunst, zu regieren etc. Zadig erräth alle.

Hierauf beweist er durch einen Zweikampf und die Aussage Cadors, dass er der bessere Kämpfer von beiden und der wahre Besitzer der weissen Rüstung ist. Er wird zum König ausgerufen und herrscht zum Glück und Segen seines Landes.

Die Herausgeber der 1001 Nacht, Breslau 1836, geben folgende Quellen an: t. XIII pag. 325:

„Geschichte des weisen Hycar;" (Nacht 561—568):

„Voltaire hat wahrscheinlich diese sehr alte Erzählung gekannt, und Zadig, unter dessen Namen er alles, was ihm von arabischen Ueberlieferungen bekannt geworden, vereinigt zu haben scheint, erräth beinahe ähnliche Räthsel wie Hycar."

Ich glaube, dass diese Annahme doch nur durch eine ganz äusserliche Uebereinstimmung hervorgerufen worden ist, denn die einzige Aehnlichkeit zwischen beiden Erzählungen besteht darin, dass überhaupt Räthsel gelöst werden. Zudem bezeichnen die Herausgeber der Ausgabe Breslau die Geschichte des weisen Hycar als bei Galland nicht vorhanden, und Voltaire dürfte sie auch nicht gekannt haben. Das Lösen von Räthseln findet sich in arabischen Märchen häufig, und unserer Geschichte am nächsten kommt die Erzählung von der schönen Turandocte,[1]) eine Erzählung, die ja durch Schillers Bearbeitung eines Lustspiels von Gozzi als „Prinzessin Turandot" zur Genüge bekannt geworden ist. Während der weise Hycar, nur um seine Weisheit

---

[1]) Petits de la Croix, 1001 jours. Paris 1710—12. j. 45 suiv. t. II. p. 67 ff. Histoire du prince Calaf et de la princesse de la Chine. Die betreffende Stelle t. II. j. 72. p. 267 f.

glänzen zu lassen und um seinen König zu retten, schwierige Fragen auflöst, ist hier die Situation eine ganz andere. Calaf sowohl als Zadig wollen durch die Ueberlegenheit ihres Geistes ein geliebtes Weib erringen, was ihnen auch glücklich gelingt. Endlich dürfte noch angeführt werden, dass zum mindesten die ersten Räthsel, welche Hycar richtig löst, im Grunde genommen, Bilderräthsel sind, denn der König umgiebt sich mit seinem Hofstaat und fragt dann, wem er und diese Versammlung gleiche, dieses wiederholt sich zu verschiedenen Malen, dann erst folgt das Räthsel, auf welches Hycar die Antwort ertheilt, es sei das Jahr gemeint. Die Aehnlichkeit ist demnach nur gering.

Schlusswort.

Fassen wir die Resultate der vorliegenden Untersuchung kurz zusammen, so ergiebt sich:

Cap. I. Le borgne. Lehnt sich an Capitel II an.

Cap. II. Le nez. Nach Voltaire selbst der Description de la Chine des P. Duhalde entnommen.

Cap. III. Le chien et le cheval. Geschöpft aus Mailly, wie Fréron zeigt.

Cap. IV. L'envieux. Das Bild des Geizigen ist vielleicht aus der Arcadia des Philip Sidney geschöpft.

Cap. VII. Les disputes et les audiences. Zum Theil Swift nachgeahmt (Gullivers Reisen, Cap. IV).

Cap. IX. La femme battue. Molière's „Le médecin malgré lui" entlehnt.

Cap. X. L'esclavage. Zum Theil aus den Fabeln des Bilpai geschöpft.

Cap. XII. Le souper. Nachgebildet der Fabel von den drei Ringen; die Einwirkung von Swifts Erzählung von der Tonne und Fontenelles Méro und Enegu wird aus Voltaires Werken selbst nachgewiesen.

Cap. XIII. Le rendez-vous. Nachgeahmt der Geschichte der schönen Aruja (1001. Tag, 158 Tag.)

Cap. XIV. La danse. Nachgebildet Gullivers Reisen, Cap. II.

Cap. XVIII. Le basilic. Entnommen der Geschichte des griechischen Königs und des Arztes Duban, 1001 Nacht, 12. Angezeigt ebenda, Breslauer Ausgabe, pag. 306.

Cap. XIX. Les combats. Entlehnt Ariosts Rasendem Roland. Angezeigt von La Harpe und Dunlop.

Cap. XX. L'ermite. Nachgebildet Thomas Parnell. Angezeigt von Fréron, G. Paris und Littré.

Cap. XXI. Les énigmes. Quelle nicht die Geschichte des weisen Hycar, sondern die von der Prinzessin Turandot.

Vom Verfasser selbst aufgefunden sind die Quellen zu Cap. IV, VII, X, XII, XIII, XIV und XXI; die übrigen Capitel sind mit Erläuterungen und Zusätzen versehen worden.

Lebenslauf.

Ich, Friedrich Wilhelm Seele (evangelisch-lutherisch), bin geboren am 17. Dezember 1862 zu Bodenbach in Böhmen Meinen ersten Unterricht genoss ich in der protestantischen Privatschule zu Bodenbach. Von 1878—81 besuchte ich die Realschule II. Ordnung zu Pirna, welche ich mit dem Reifezeugniss für den Einjährig-Freiwilligendienst verliess. Da die grosse Schwäche meiner Augen eine zu grosse Anstrengung derselben bedenklich erscheinen liess, so ging ich nach Lausanne, um die französische Sprache praktisch zu erlernen. Ich blieb daselbst von Ostern 1881 bis Herbst 1883 und besuchte während dieser Zeit die dortige Académie. Angeregt durch Herrn Professor A. Maurer beschloss ich, mich dem Studium der Neueren Sprachen zu widmen. Ostern 1884 trat ich in die Oberprima des Annen-Real-Gymnasiums zu Dresden ein und verliess diese Anstalt Ostern 1885 mit dem Zeugniss der Reife versehen.

Ich bezog die Universität Leipzig, woselbst ich bis Ostern 1889 immatrikulirt war.

Ich hörte die Vorlesungen der Herren Professoren und Doktoren:

Biedermann, Ebert, Heinze, Hildebrand, Kögel, H. Koerting, Masius, Schirmer, Settegast, Techmer, Wolff, Wülker, Wund und Zarncke.

Es war mir durch die Freundlichkeit der Herren Professoren Ebert, H. Koerting, Settegast, Wülker und Zarncke vergönnt, an den Uebungen der von ihnen geleiteten Gesellschaften theilzunehmen.

Allen diesen Herren, namentlich den Herren Professoren Ebert und Koerting, deren Heimgang wir schmerzlich betrauern, sage ich meinen besten Dank. Wie schon im Eingang bemerkt, habe ich auf Anregung des Herrn Professor H. Koerting die vorliegende Arbeit unternommen; in der liebenswürdigsten Weise hat er mich bei derselben unterstützt und mir mancherlei werthvolle Fingerzeige gegeben. Stets werde ich ihm ein dankbares Andenken bewahren.